图解服务的细节
035

トップセールスには、なぜ「いいお客さま」が集まってくるのか?

顶级销售员
做单训练

[日]横田雅俊 著
马信贞 译

人民东方出版传媒
People's Oriental Publishing & Media
東方出版社
The Oriental Press

图书在版编目（CIP）数据

顶级销售员做单训练 /（日）横田雅俊 著；马信贞 译．—北京：东方出版社，2015.12
（服务的细节；35）
ISBN 978-7-5060-8889-3

Ⅰ.①顶… Ⅱ.①横… ②马… Ⅲ.①销售学 Ⅳ.①F713.3

中国版本图书馆 CIP 数据核字（2016）第 006499 号

服务的细节 035：顶级销售员做单训练
（FUWU DE XIJIE 035：DINGJI XIAOSHOUYUAN ZUODAN XUNLIAN）

作　　者：［日］横田雅俊
译　　者：马信贞
责任编辑：崔雁行　高琛倩　王思怡
出　　版：东方出版社
发　　行：人民东方出版传媒有限公司
地　　址：北京市西城区北三环中路 6 号
邮政编码：100120
印　　刷：北京文昌阁彩色印刷有限责任公司
版　　次：2011 年 8 月第 1 版
印　　次：2022 年 4 月第 3 次印刷
开　　本：880 毫米×1230 毫米　1/32
印　　张：7.125
字　　数：148 千字
书　　号：ISBN 978-7-5060-8889-3
定　　价：38.00 元
发行电话：（010）85924663　85924644　85924641

目录

第 1 章　激发顾客“购买欲”的战略性接触——引导需求

第2章 令顾客双眼放光、“还想听更多内容”的销售会谈

——提高顾客对商品、服务的兴趣

第3章 让顾客不知不觉产生购买欲的“最后一推”
——介绍“选择方法”

第4章 将好顾客变为“最佳顾客”的销售技巧

前言
顶级销售员所具备的3大能力

“为什么那个人总能签下订单?”

“那些被誉为顶级销售员的人，都是怎么成功的?”

你是不是也曾有过这样的疑问呢?

本书旨在解开“商品滞销的年代，**如何使自己的商品持续畅销**”的谜题，并**将其总结整理为谁都可以实践的技巧**提供给读者。

大多数销售人员都是认真工作到深夜，削减睡眠时间，尽一切可能努力提高销售业绩。

但并不是所有的人都能取得好的结果。

你应该也有过眼睁睁看着同事、后辈们的业绩都不断提升，只有自己卖不出去的经历。

而且，销售员所处的环境也越来越严峻。

“顾客总是不断要求‘还能再降低点价格吗’。”

“不论去哪儿推销都立刻被拒绝。”

“手头的顾客不断地减少，每个月都如履薄冰。”

对此，从事销售，即所谓“销售商品或服务”工作的人，应该感同身受吧。

◇ 顶级销售员与业绩不好的销售员之间的根本差别

我本着“所有经营活动都可以进行科学的分析”的态度和立场，为多家企业进行过咨询和培训工作。

其中的一个环节就是：每年都以“300家公司的销售员中排名前10%和后10%”共计1000人的销售员群体为对象实施问卷调查。从调查问卷的结果来看，大概有9成的销售员认为：

“和以前相比，顾客数量减少了。”

“和以前相比，产品不好卖了。”

他们均对市场持悲观态度。

然而，剩余的1成的顶级销售员，即使面临严峻的市场环境也绝不示弱。他们不认为“顾客减少了”，而是认为：

“顾客无处不在。”

不管是9成的普通销售员还是1成的顶级销售员，都在同一市场内打拼，可是一方在叹息“顾客减少了”，而另一方却认为“顾客无处不在”。这是为什么？

其理由就在于，双方对“顾客”这个词的定义有不同的理解。

“顾客”的定义

9成的普通销售员：“立刻想买的人”

1成的顶级销售员：“立刻想买的人”+“正犹豫是否要买的人”

9成的销售员只将有“立刻想买”想法的人定位为顾客。这类销售员只致力于“找到会买的人，完成交易”。

但是，在这个商品过剩的时代，找到“立刻想买的人”是极其困难的。

然而，1 成的顶级销售员的做法却截然不同。

“立刻想买的人”自不必说，他们还将“正犹豫是否买的人”都认定为“顾客”。

只寻找“能倾听自己说话的人”“能接受自己产品的人”，不会有新的进展，也无法打开市场。顶级销售员则无论对方是否有需求，都会不断跟进。

如果顾客“想购买”的意愿薄弱，那么可以向其介绍“购买的好处”“不购买的弊端”，培养顾客的需求。

如果自己公司和顾客的关系脆弱，那么就要努力建立双方的信赖关系。

一旦你能这样将“犹豫购买的人”看作“顾客”，在那瞬间，你面前所有的人都会成为顾客。

◆ 业绩不好的销售员的口头禅：“那个人有好顾客，所以业绩才好”

“那个人有好顾客，所以业绩不错。”

“也就是机缘巧合，找到了好顾客才有业绩的。”

“啊！又有人给他介绍了好顾客。那人命太好了！”

你是否也听过这样的言论？但这些都是不中肯的意见。

那些**被称为顶级销售员的人，正因为具有“提高顾客的需求、建立信赖关系的技巧”**，所以能和顾客建立良好的信赖关系，取得顾客的高度信任。这样就能和顾客保持长期合作关系。

可以说，他们并不是“偶然地”碰到了好顾客，而是通过自身努力，创造了遇到好顾客的机会。

◆ 前所未闻的新式接触顾客法

在成熟型消费社会中，“依靠感觉、经验和胆量”以及“走访”的销售方式是行不通的。因为日本的国内市场已经成熟。人口减少导致的市场缩小倾向也很明显，所以接触顾客的传统方法遇到了瓶颈。

如果只会说日语，就只能和日本人成为朋友。而如果会说英语，除了日本人之外还可以和英语圈的人相识。如果再会说中文，那你的朋友圈就是“日本人+英语圈的人+中文圈的人”，也就是能和世界上各种各样的人沟通交流。

销售也是同样的道理。只锻炼成交签单的技巧，就只有“立刻想买的人”能成为你的顾客。如果只将“立刻想买的人”作为销售对象，业绩则迟早会面临每况愈下的窘境。

然而，如果在成交技巧的基础上，掌握了“将‘还没有购买打算的人’变为‘想购买的人’的引导技巧”以及“加深和自己公司（自己）的关系的技巧”，那么顾客的数量就会剧增，肯定也就会带来良好的业绩。

市面上已经出版了很多以销售为主题，讲解“如何促成有购买意愿的顾客成功下单”的书籍。

但是，总结概括“给还没有决定购买的人群提供信息，并将之培养成为好顾客”的知识和技巧的书，目前似乎还没看到。

在本书中，我提出了以下课题：

“到底顾客是指谁呢？”

“顾客在哪儿？”

“顾客的数量真的在减少吗？”

“其实顾客大量存在，只是销售员视而不见吧？”

顶级销售员所具备的3大能力

1 引导需求的能力

2 提高对商品、服务的兴趣的能力

3 介绍“选择方法”的能力

并对这些课题做出了回答。

“将以往不认为是顾客的人，看作顾客。”

本书将这一技巧打造成了一个体系。具体来说，即整理成了“顶级销售员所具备的 3 大能力”，介绍给大家。下面，就让我们来看看这 3 大能力是什么。

◇ 顶级销售员所具备的 3 大能力是什么？

第 1 能力　引导需求（详见第 1 章）

→致力于倾听顾客反馈及提供信息，让需求自然显露出来。引导出顾客“想买”“想要”的意愿。

第 2 能力　提高顾客对商品、服务的兴趣（详见第 2 章）

→顾客产生了“想买”的意愿之后，就介绍“购买后的好处”“不购买的弊端”，提高其对商品、服务的兴趣。

第 3 能力　介绍“选择方法”（详见第 3 章）

→对于需求提高、开始考虑是否购买的顾客，要从专业的角度告知“买什么样的好”“选择哪个商品更好”等的判断标准，引导其购买。

在考虑顾客需求和强化与顾客关系的同时，如果能结合这3大能力去接触顾客，顾客数量肯定会增加，也一定会创造出业绩。这是因为：

即使没有大力推销，也能让顾客自己说出“想买”“想要”，而且销售员也能得到顾客更深的信任。

怎么样？是不是想想都觉得很激动？

我曾经在外企ISO审查机关有过销售的工作经历。至今还记得这个企业的销售指导手册封面上写着“Sales is Art”这句话。

意思是“销售是一门艺术，所以没有绝对的答案。打造属于自己的销售艺术是销售员的职责”。

确实，销售这个工作，需要销售员有一定的个性（潜力）。而我认为，“如果能正确地掌握正确的技巧，无论是否有潜力，都能成为顶级销售员”。

希望本书能助为业绩发愁的销售员一臂之力。

序章

顶级销售员深知的6个事实

顶级销售员吸引“好顾客”的理由

◆ 商品滞销的时代，他们在做什么？

“前言”中已阐述了“顶级销售员所具备的3大能力”。在详述本节问题之前，我先说明一下：**被誉为顶级销售员的那些人无形中意识到的事情，以及正在做的事情**。明确了3大能力和顶级销售员的关系，有意愿想要“真的成为顶级销售员”的人，只要继续深入阅读序章，就能理解。

现代社会，可以说是“即使生产出来也可能会滞销”的时代。商品不仅供大于求，而且同类商品较多。在这样的情况之下，产生“想买”意愿的顾客数量也就变得极为稀少。能够快速成交的顾客几乎不存在。

“买？不买？”

“如果买，买什么？”

“如果买，在哪儿买？”

“如果买，从哪儿买？”

顾客会像这样一个一个地认真评价、比较每种商品和服务。所以，销售员要展开行动以唤起顾客“想购买”的意愿，并且必须让顾客最终选择自己。

因为，即使顾客有了购买的意愿，如果被竞争公司抢先拿下订单也就没有意义了。所以，要和顾客建立信赖关系，并且需要强化双方的关系。

“前言”中也阐述过，在商品滞销的时代，顶级销售员就是以“需求”和“关系”这两点为中心，推进商谈进而取得成果的。

【顶级销售员这样做】

- 提高顾客的“需求”：“让顾客想购买”
- 强化和顾客的“关系”：“让顾客选择自己，而不是竞争对手”

◆ 顶级销售员攻克“第 4 类顾客”

我从“需求”和“关系”的观点出发，将顾客分为 4

种类型。根据顾客所属的不同类型，应采取的接触方式也有所不同。

- 第 1 类顾客：需求“高”、关系“强”

“想购买”的需求很高，和自己公司的关系深厚的顾客。只要符合条件，立刻就能成交。

在经济高速成长期或泡沫期，这种类型的顾客很多。现在因为通货紧缩、少子化、经济不景气等原因，这类顾客变得非常少了。对于这种类型的顾客，只要进行有针对性的营销，很快就能成交。

- 第 2 类顾客：需求“高”、关系“弱”

有“想购买”的需求，但因为和自己公司的关系薄弱，所以处于优先考虑竞争对手的状态。他们“有购买的愿望，但想在别的地方购买”。

和这类顾客接触时，很有必要明确本公司和竞争对手公司的差异。但是，降低价格这方面的差异对企业来说会很难负担。为了不陷入价格竞争，必须提供和竞争对手相比自己公司产品在“综合”价值上的差异和优势。

- 第 3 类顾客：需求“低”、关系“强”

和本公司有着良好的关系，但没有需求，无法成交。这类顾客是“现在没有需求，但只要想买，就肯定会购买贵公司商品”的顾客。对于这类顾客，需要向其介绍“购买后的好处”或“不购买的弊端”，以此挖掘出顾客自身没意识到的“潜在需求”。

- 第 4 类顾客：需求“低”、关系“弱”

这类顾客未和自己公司建立关系，而且“想购买”的需求也很低。和其他 3 种类型的顾客相比，“第 4 类顾客”可以说是挑战性最高的。

但另一方面，这类顾客也是“最大的市场”。开拓这个市场，是销售员的使命。如果能建立和第 4 类顾客的关系，成功唤起顾客需求，就能切实提高销售业绩。

请允许我再重复一次：**被称为顶级销售员的人们，正巧妙地开拓着这片布满荆棘的市场。他们攻克“第 4 类顾客”，增加了潜在顾客的数量，也就得到了更多的机会。**

◆ 具备了 3 大能力，眼前所有的人都可以是顾客！

本书的主旨是告诉读者：如何与第 4 类顾客建立关系、提高需求。因为，“第 4 类顾客的攻克方法，可以适用于所有的顾客”。如果成功攻克了签单难度最大的“第 4 类顾客”，那么无论是“第 1 类顾客”还是“第 2 类顾客”“第 3 类顾客”，都可以手到擒来。

接下来，本书将为大家介绍攻克“第 4 类顾客”不可或缺的 3 大能力。

首先，必须通过顾客咨询和提供的信息，确认顾客以下情况：“购买意愿有多高？”“有什么样的价值观？”“有哪些顾虑？”“属于 4 类顾客中的哪种类型？”等等。在此基础上，为顾客提供“新价值”“新需求”。这样做的目的是让顾客发现自身没意识到的潜在需求的同时，与顾客建立关系。这就是第 1 大能力——“引导需求”。

接下来，顾客潜在需求逐渐显现时，要适时地介绍“购买后的好处”或“不购买的弊端”，让较小的需求逐渐扩大。这就是第 2 大能力——“提高顾客对商品、服务的兴趣”。

当需求变得高涨后，顾客将开始正式探讨购买事宜的时候，此时需要介绍自己公司商品与竞争公司商品的不同点。从专业角度告知顾客“应该买什么”“选择哪种商品更好”等判断标准，也就是“对顾客来说最好的选择”。这就是第 3 大能力——“介绍‘选择方法’”。

顶级销售员会通过灵活组合、运用“引导需求”“提高对商品、服务的兴趣”“介绍‘选择方法’”这 3 大能力进行销售，“好顾客”自然就会被吸引而来。

所有顾客均可分为4大类型。
在商品滞销的消费社会，“第1类顾客”基本不复存在。市场几乎都是“第4类顾客”。少部分顶级销售员攻克了9成普通销售员不曾关注的“第4类顾客”，并将之培养成了“第1类顾客”，进而创造了业绩。

在今后的时代，销售员真正的职责是？

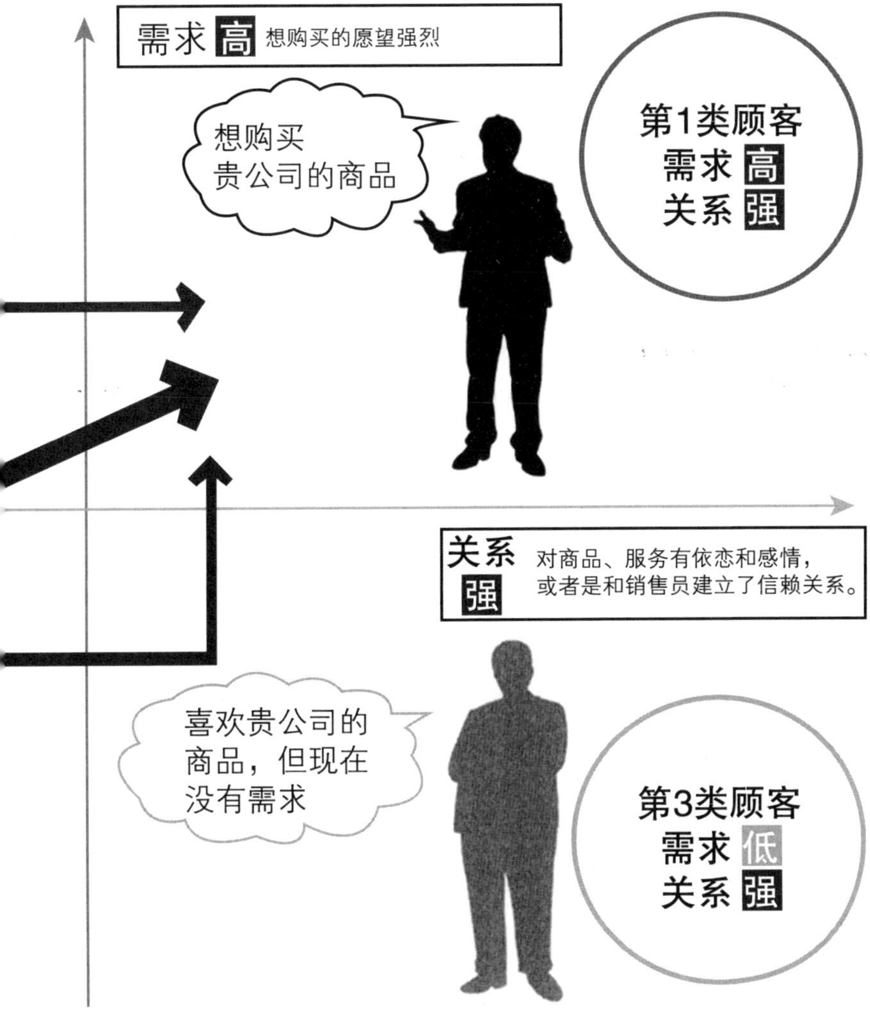

只进行商品说明的销售方式，已失去竞争力

◆ 不要期待歪打正着！

比如，对于决定要购买智能手机却犹豫“选择哪种机型”的顾客，从商品说明开始展开推销，也许还有一丝希望。

但是，在商品滞销的时代，几乎再也没有顾客会一副“特别想买”的状态等待商品发售。即使有，那也是“歪打正着”。请参看下一页的问卷调查结果。从结果可知，**“顾客有购买意愿，而且已经决定购买哪种商品”的情况，几乎是不可能发生的。**

在商务公司中，有的公司会聘用数以百（千）计的销售人员，旨在集结大量人才，依靠人海战术来提高碰运气的概率。

如果经济景气，社会需求会自然提高，可能也会增加

这种歪打正着的次数。

但是，在经济低迷、成熟型的市场，很难说这会是行之有效的方法。**如果只靠商品说明就能销售出商品，那只能说是侥幸地卖出去了**，并不是科学的销售方法。

只进行商品说明的销售，只对“有购买意愿的顾客”（即“第 1 类顾客”和“第 2 类顾客”）有效。

在没有培养出顾客需求的时候，即使进行商品说明，也无法唤起顾客对商品的兴趣。

Q1.在索取资料或来店咨询等阶段就决定购买了吗？

YES	24名	8.0%
NO	276名	92.0%

Q2.回答YES的人请回答 决定好购买哪个商品或服务了吗？

YES	1名	4.2%
NO	23名	95.8%

※调查对象：购买决策者300名（采购负责人、总务负责人、户主等）

12

顾客的心声是：犹豫的话，就不买了

◆ 让人犹豫“买还是不买”的3大理由

顾客在犹豫“购买什么”之前，会先犹豫“该买还是不该买”。让顾客犹豫“该购买吗”的原因，我认为是下列3大理由。

①信息过剩；

②品质普遍不错；

③不确定因素的增加。

①信息过剩

以往，销售员是顾客仅有的信息来源。比如说，销售员告知顾客“现在的法律是这样的，两年以后会这样改变”，这就成为了其唯一的判断依据，也就能决定“那么，今年内就买了吧”。

但现在，通过杂志、电视、网络等，很容易就能获取信息。关于两年后法律会变更的信息，也可能是顾客自己调查出来的。如果顾客从调查结果得知“该条法律两年后会变更，但已经有了替代法案”，就会认为“虽然说法律会变更，但也有可能不会产生较大影响”，那么也就没有必要匆忙购买了。

顾客自己主动地收集信息，这一行为与其想满足“自主选择”的欲望有关系。而另一方面，信息量过大，也会导致顾客不知该根据什么来判断“该买还是不该买”。

②品质普遍不错

将各个商品进行比较探讨后，结果竟发现“似乎哪个都不错”。

试驾了 5 辆“300 万日元价位的车”之后，如果只有 1 台各方面都特别突出，那就很好选择。然而，不管哪辆车品质都属上乘，哪辆车的乘坐舒适度都值 300 万日元，这样的话，就很难决定“哪辆车更好”。

③不确定因素的增加

经历了“雷曼事件”这场世界经济大变革，紧接着又体验了“东日本大地震”的自然威力，人们开始领悟到

“天有不测风云，人有旦夕祸福”。

谁也无法保证未来经济能持续地稳定增长。除了准备好应对突发的全球巨变之外，还要准备好应对不测之事，这是人之常情。“即使购买了公寓，地震倒塌后就什么都没有了”，产生这样的不安也不是没有道理的。

顾客因为这 3 大理由，导致无法判断“该买还是不该买”。人们都有“不知道的时候，就不行动”“不知道的时候，不冒险”这样的心理倾向。因为谁都不想吃亏。如果不行动就不会吃亏，所以会继续“维持现状”。

而如果处于“必须创立新的事业”或“为了对抗竞争对手必须采取策略”等境地，即使承担少许风险也要优先考虑积极行动，也就容易做出“该购买”的决定。然而，如果情况不紧迫，大部分人就不会跨越“犹豫的话，就放弃吧”“不购买更安全”这样的心理障碍。

顾客犹豫“买还是不买？”的3大理由

1　信息过剩

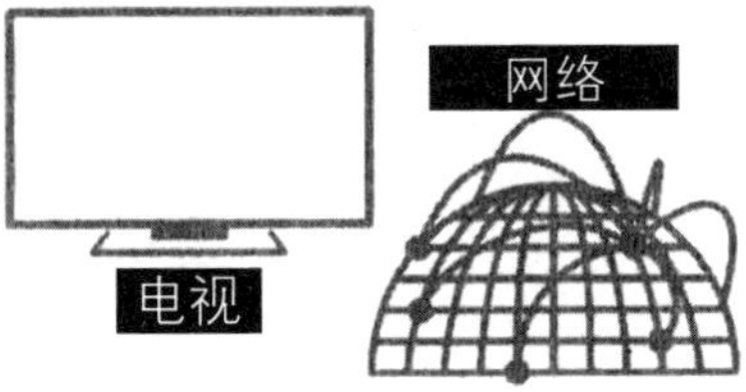

顾客的“判断依据”过度丰富

2　品质普遍不错

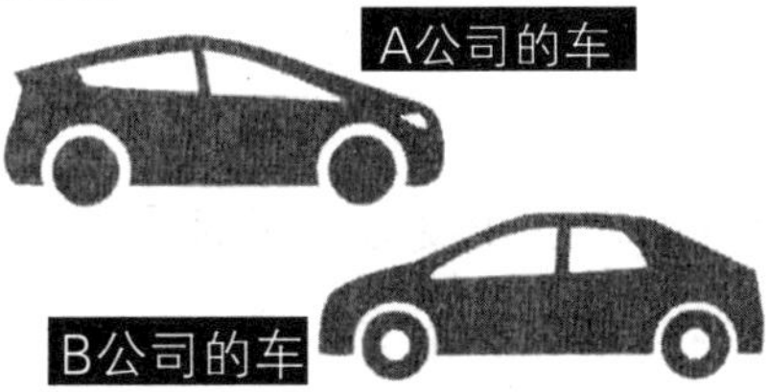

品质上做出差别化太难了

3　不确定因素的增加

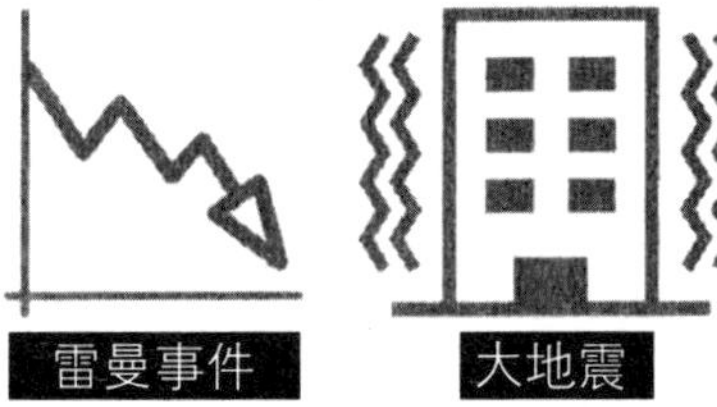

产生了“不想吃亏所以不购买”的想法

从市场角度解读商品滞销的原因

◆“竞争对手”和“基本需求的充足”是最大的原因

前文中，我们从“顾客心理”角度分析了商品滞销的原因。接下来我们从“市场变化”的角度来解读。

对成熟的市场来说，有两大要素会阻碍购买行为。

①存在强劲的竞争对手；

②基本需求已经得到满足

①存在强劲的竞争对手

在通信、汽车、啤酒行业等成熟的市场（业界），已陷入了垄断状态。在竞争中胜出的少数企业，控制着整个生产和销售市场。

这些行业的市场并不是由大公司、中小企业、零售商交错组成的玉石杂糅的市场，而是仅有具一定规模的几个公司存在。从顾客角度来看，“A 公司挺好，B 公司 C 公司也不错”，选择哪个都没有什么大的差别。各个公司横向比较的结果较为接近，消费者就搞不清相互之间的差异，也就无法提高购买意欲。

②基本需求已经得到满足

如果购买的紧急程度低，人们就很难下定决心购买。

比如，已经有私家车的人，就不会再频繁地购买。因为需求的紧迫度低。

“没有什么大的问题，还可以继续使用”“并不是立刻想要，没有现在就购买的理由”，如此的想法就会导致延期购买。

假如顾客收到了这样的通知：“市场上销售家用型轿车的仅有 A 公司。销售期限到某某月为止，之后，无法购买新的小轿车”，可能购买的紧迫度就提高了，会觉得“这样的话，就必须趁现在换车了”。

然而实际上，车子“随时随地都能买到”，所以顾客的购买意欲就分散了。

换车的时机，也许是原来的车出了故障，亦或是下一次车检的时候，也有可能是换车型的时候。另外，从 A 公司、B 公司、C 公司都可以买到相同类型的车。这样一来，购买时机、购买地点就都被分散了。

“任何地方都能购买，不论购买哪家公司哪种车型，品质都不错。所以，等有急用时再买吧。”

因此，就可想而知抱有这种想法的顾客有很多了。

买方的需求已经很充足时，需求的紧迫度就会降低。因此，以商品本身为主线的销售方式，大都落空了。

◇ 满足顾客情感诉求的销售，效果只是“暂时的”

顾客在购买时，不仅需要合理的判断，当时的心情等感情因素也会对购买行为产生一定的影响。所以，如果能打动顾客，引导顾客感觉“这个很好啊，我想要啊”，也就能唤起需求了。

比如，对于买房的紧迫度不高的顾客，看了样板间之后立刻变得想购买，那就是情感被打动了。

即使是 B to B 的商务模式，也会通过情感诉求唤起顾客需求。

向工厂销售制造机器时，会进行新机器的演示。这样顾客就会被打动：“使用最新的机器，速度这么快，完成质量这么高。和我们的设备完全不同。”

类似这样靠满足顾客的情感诉求来销售，这数十年确实卓有成效。然而，感动“仅仅是刚开始时”，**如果顾客进行比较购买**，这份感动最终会变得薄弱也是事实。

对于样板间的展示，各个公司都费尽心思，所以顾客在对比参观了数个样板间之后，会感觉哪个都不逊色。在反复参观之中，顾客就会发现“这里展示的很多东西，别家公司也都有类似的设备或样式”，感动和购买意欲也就变弱了。

20

能“多卖1日元”的最有效方法

◆ 提供“价格以外的价值”

如果率先加入到竞价竞争中，并贯彻薄利多销的经营方针，那么就不需要销售员了。如果靠低价策略来建立自身优先性，那么像网络销售或直接型保险这种形式就不需要销售员的介入，可以削减人工费用或中介手续费等。

那么，为什么销售员还有存在的必要呢？

销售员是为了将自己公司的商品尽可能再“多卖1日元”而存在的。

业绩不好的销售员，很容易将理由归咎为价格：“我们的商品价格太高卖不出去”“我们公司比其他公司价格高”（请参考下页的问卷调查结果）。但是，鉴于销售员的职责是争取“再多卖1日元”，那么“不降价就卖不出去”这样的想法也就相当于自我否定。

要想在顾客数量有限的前提下确保销售额，就要加入“附加价值”，即使是多卖 1 日元也好。为此，销售员应该做些什么？

销售员能够创造的附加价值概括来说，是指“激发顾客的意识”。

而最有效的激发顾客意识的方法是“让顾客意识到自身没有察觉到的潜在需求”。

对于顾客已经意识到的需求，竞争对手也会做出相同的满足这一需求的提案。如果光指望在这点上打败对手，就会陷入价格竞争。

Q. 自己公司商品没有被顾客选中（而选择了其他公司）的理由是？

第1位	价格竞争力	49.2%
第2位	商品力、商品数量	25.1%
第3位	品牌力	10.4%
第4位	和顾客的关系	10.2%
第5位	销售的提案能力不足	5.1%

※调查对象：销售负责人1000名

因此，增加附加价值的时候，要着眼于尚未表面化的“潜在需求”。

潜在需求是指“**语言背后真正的价值观**”。假如顾客追求价格上的价值，那就会说“对我来说，便宜的也可以接受”。

这个时候，顾客的语言背后，其实隐藏着本人都没有意识到的“追求便宜商品的理由”。没有感觉到这款商品的必要性，可能就会觉得“便宜就购买”，也可能是“想在别的事情上花钱，所以不怎么想在这个商品上花销”。亦或者可能是“虽然知道这个商品很有用，但现在没有钱，只能控制支出”。

“便宜的商品也可以”，洞察这句话背后的意义，就会发现顾客隐藏的“真实想法”，而且顾客自己可能都没有意识到那个“真实想法”。

探求顾客的潜在需求的手段，是征求意见。如果能通过征求意见把握潜在的需求，就能够发现顾客自身都没有意识到的本质问题。能够满足潜在需求的切实的方案，才能成为销售员的附加价值，为顾客提供“价格以外的价值”。

销售员最重要的工作

Case　系统公司中的对话

挖掘顾客自己没有意识到的需求，一起解决问题。

销售员要迎合“顾客”和“时代”

◆ 需要“新的销售方式”

市场在不断萎缩，如果将销售对象定位于“有购买意愿的顾客”，那么增加销售量就很难了。

尽管如此，只针对有明显需求的顾客进行销售，销售量终将止步不前。因此应该掌握“新的销售方式”。

那么，“新的销售方式”，具体是什么样的方式呢？有以下两大要点。

①迎合“顾客”和“时代”；

②关注“需求低、关系弱的顾客”

①迎合“顾客”和“时代”

只靠销售指导手册或自身成功案例经验复制的销售方

式，不可能持续增加销售量。

不要执着于“自己的风格（方式）”，而应迎合顾客，改变自己的进攻方法，要放低姿态、以柔克刚。因为“买或不买”的主导权掌握在顾客手中。

拥有“自己的风格”也好，“发挥自己的长处”也好，都绝不是坏事。掌握一些销售的基本风格或类型是学习销售基础知识的捷径。

但，那仅限于初级销售。从事销售工作超过 3 年后最好结束这种“千篇一律的销售方式”。

应该不断根据顾客的需求，以及顾客和公司的关系，调整商业会谈的顺序、表达方式、诉求重点。

而且还需要迎合时代的变化，不断改变销售方式。必须在关注经济动向、人们价值观改变的同时，掌握与时俱进的销售手法。

不管有没有要紧的事情必须见顾客，都要去亲自拜访；无论去拜访了几次都要保持热情，可能的话要对顾客进行招待，建立与顾客良好的人际关系，开展从“小单子开始交易”的推动（Push）式销售，在经济泡沫期该方式是可行的。商谈中一味地“推动”的销售方式以及从手头的顾客名单中寻找“现在马上会购买的顾客”的狩猎型方式，在经济成长期很有效。

但是，其作为“商品滞销时代”的销售方式就不太适合了。因为“现在马上就会购买的顾客”的数量是极少的。

今后需要的是“迎合顾客和时间（时代），改变自己的销售方式”。

②关注“需求低、关系弱的顾客”

如 P8、P9 所示，顾客（市场）可以分为 4 大类型。

①第 1 类顾客：需求高，和自己公司关系强；

②第 2 类顾客：需求高，和自己公司关系弱；

③第 3 类顾客：需求低，和自己公司关系强；

④第 4 类顾客：需求低，和自己公司关系弱。

迄今为止的销售理论，大部分是针对“第 1 类顾客”。但是，第 1 类的顾客的数量正逐渐地减少，即便学会了针对“第 1 类顾客”的销售技巧，业绩也只会每况愈下。

◇ 攻占最大的市场！

在①到④这四种类型市场中，最大的市场是“④第 4 类顾客”。

这个市场，尽管有大量的顾客存在，却一直被忽略、无人闻津。因为这类顾客“不明确买还是不买”，在销售员看来可能觉得接触这类顾客是徒劳无益的，所以不会积极地行动。

但是，虽然这类顾客现在还没有需求，与公司关系也弱，但播下种子浇浇水，挖掘潜在需求还是有可能的。

顶级销售员所具备的3大能力

1 引导需求的能力

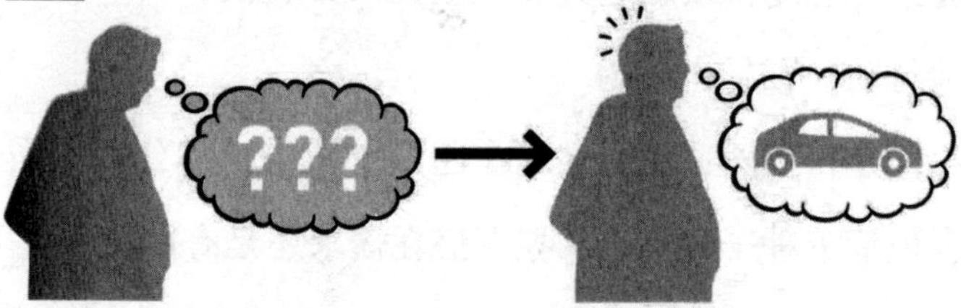

2 提高顾客对商品、服务兴趣的能力

3 介绍“选择方法“的能力

第1章

激发顾客『购买欲』的战略性接触

——引导需求

顶级销售员提供的不是商品而是“意识”

◆ 激发意识（潜在需求）的做法

序章中提到，掌握了新的销售方式（迎合顾客和时代、引导需求、建立关系）的销售员，说得极端一点就是：

“能激发顾客购买意识的销售员”

“顶级销售员是能不断激发顾客购买意识的销售员”，这样说也不过分。但是，这样一说，就会有人认为“那么，就围绕顾客不甚了解的商品规格进行商谈，激发顾客的潜在需求吧”。

但只进行商品说明，就无法增加同顾客的接触次数。仅以商品说明为由去拜访顾客，至多去个三次也就是上限了。这样也就无法继续展开与顾客的接触。

比如，第一次以告知顾客“我是销售负责人”为理由去拜访。第二次以进行商品说明“我公司商品的具体信息”为理由去拜访。这时顾客就已能察觉到推销的意思，可能会委婉地表达“我们对这个没有兴趣”“现在没有购买必要”。第三次再去拜访时销售员虽然会想“第二次去顾客脸色已经不好看了，这次拜访有点儿难啊”，但还是厚着脸皮地去拜访说“现在我到您公司附近了……”。

这样一来与该顾客的接触就基本结束了。顾客的“购买意识”没有成功被赋予，这之后的拜访就很难了。因为拜访的理由已经找不到了。

◆ 顶级销售员会给自己设定问题

想激发顾客购买意识，要从带回“问题”开始。问题，无论多小都没关系。如果能带回“顾客想问的、想知道的事情等问题”，那么预约下次的会面就简单了。序章中曾讲过“意识=潜在需求”。这种情况下，问题的答案也就是对方的“购买意识”，或者是“激发意识的关键”。

但是，要从没有需求的顾客那儿带回问题，并不简单。所以，我认为，不能向顾客“要问题”，而应自己给自己“设定问题”。面谈中即使是顾客说的很小的事情都能成为线索。

“关于○○问题，我们立刻调查然后再和您联系。”

“关于贵公司官网上登载的内容，请允许我下次再和您详谈。”

像这样自主设定的问题，它的答案就会引出顾客的“意识”。这样一来在增加了见面次数的同时，也增加了征求顾客意见的机会。激发“意识”的同时，通过征询了解“对商品感觉如何”“今后如何考虑”“贵公司今后的计划”等顾客的想法、喜好以及意向。不仅仅是提供信息，还要征询对于这些信息“对方怎么想”，然后再次设下问题并带回。如果能不断重复“设定问题→传递意识（信息）→再次设定问题”的循环，肯定能强化顾客和自己公司关系，而且也肯定能挖掘到顾客的潜在需求。

重复“问题→意识→征询”的流程

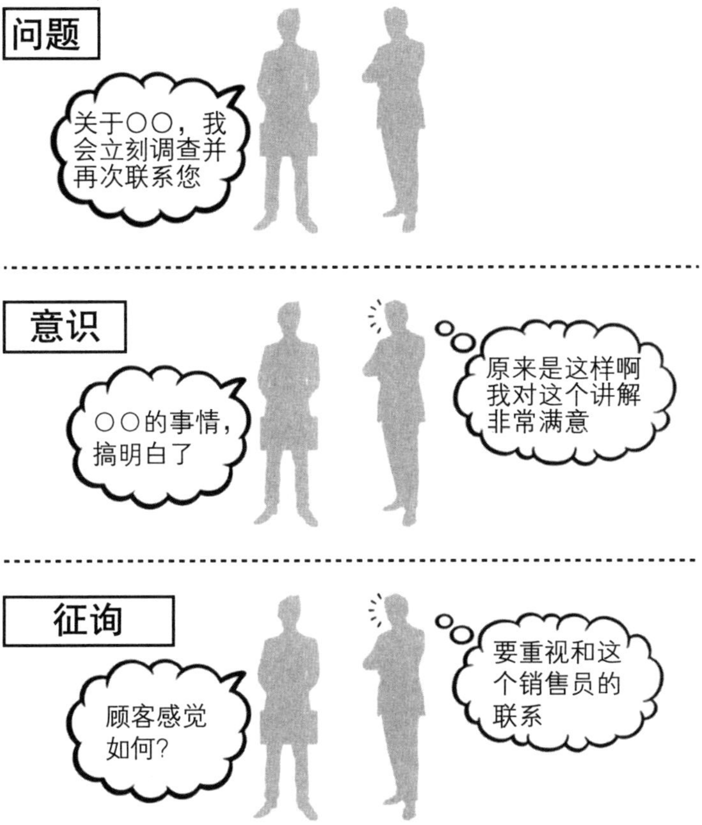

不断重复这个流程，销售员就能得到顾客的信赖。

业绩差的销售员共通的“3大弱点”

◆ 为何不把握顾客的潜在需求?

下面，我将正式阐述顶级销售员所具备的3大能力之一——“引导需求”的具体方法和理论。

把握顾客自身没有意识到的“潜在需求”，这是成为顶级销售员的第一步，但做到这一点却并不容易。

为了把握潜在需求，销售员和顾客“在会谈时，一起得出结论”是很重要的。实际上，越是优秀的销售员，越能从顾客那儿听到这样的评价：“和你聊天立刻思路清晰了”“你整理归纳了很多信息，今天谈得很愉快”。

在激发顾客意识、引导潜在需求、整理并深入挖掘后，如果能归纳总结出“总之，是这么一回事”的结论，那么顾客就不会感觉“被强加”“被推销”。相反，顾客会对于引导自己一起得出结论的销售员感到“非常感谢”

“受益匪浅”。

与之相反，不能把握顾客潜在需求的销售员，也有共通的 3 大弱点。

第一是“不去质疑”。

如果顾客说“便宜的商品就可以”，便接受了这一说法并回答“哦，便宜些就好啊”，而不关注顾客语言背后的潜意识。完全不去考虑“为什么顾客会追求价格便宜”“究竟为什么”的理由。

“不去质疑”的原因之一是“怠于知识的收集”。所谓“知识”是指业界的理论、常识或惯例等。如果不掌握业界的一般常识、理论，那么就无法判断“该顾客和其他公司的顾客一样，还是不同”。

比如说，要去拜访的建筑公司说“施工现场全部开放”。如果（事先调查）得知“施工现场是不开放的——这是业界常识”的话，那么就肯定会有这样的疑问：“为什么这个公司的现场会开放”。

第二是“不做假设”。

即使抱着“为什么呢”的疑问，却不做类似“一定是这样的吧”“有这种可能吧”的假设，也就无法集中话题。

如果经验尚浅，也许在会谈的同时将顾客没有意识到的问题进行假设，会比较难。所以，事先进行假设是很重要的。收集要拜访的顾客信息，准备好“应该是这样的吧”的前期假设，这样也就不会不知道问些什么问题了（假设的设立方法，详见 P40~49）。

第三是“不会提问”。

假设如果不去验证就没有意义。与顾客会面前要事先做好心理准备：“会面的时候要确认这个假设是否正确”“应该这样提问”。

需求低、和自己公司关系弱的顾客，肯定不会对销售员推心置腹的。在接触的最初阶段，准备好“使用什么样的资料、说什么”是最基本的，更有必要的是准备好问题，即“问什么”。

不去探寻顾客语言背后的需求，仅仅关注“便宜的东西就可以”的场面话的销售员，肯定会简单地认为“只要价格降低就肯定能成交”，而且也不去给予顾客附加价值，就只针对“价格”提出方案。

而另一方面，关注顾客潜在需求的做法是：销售员把握了顾客认为“价格便宜是很重要，但更想找到值得信赖的供应商”这一需求，因此并不用依靠降价，也能够针对商品整体的优势性提出方案。此时，顾客真正重视的价值观是和供应商之间的信赖关系，而价格只是其次。

如果与竞争对手相比拿出了更便宜的预算方案却仍然丢了订单，那肯定是没有捕捉到“顾客语言背后的真实想法”导致的。

◆ 将顾客的提问“这样可以吗”视为机会

在商业会谈之中，经常会听到顾客提的一些“问题”，如：

“这样可行吗？”
“有这样的产品吗？”

对于顾客这些问题，**立刻应答“可以的”“能做”“我们有”的销售员，是典型的业绩不好的销售员**。因为，对方说出口的“问题”，其实是顾客已经意识到的需求（问题）。

在这种需求显著化的情况下，对方肯定已经“意识到”了，销售员也就难以再给予附加价值（对方没有意识

到的需求）。如果顾客认为“能做到这点的供应商有的是”，那么竞争对手之间就很容易陷入价格竞争。因此，探寻潜在需求时不要将对方说出口的话全盘接受，而要征询“为什么希望这样”，要去探寻语言背后的真实想法。

顾客将“问题”提出来之后，不要立刻回答，要确认两件事情，即“①情况”和“②理由”。

假设对方提出：“能再便宜10万日元吗？”

就反问“是什么样的情况？”（**①情况**）

“为什么是降10万日元？”（**②理由**）

如果能这样提问，也就能挖掘出“对方真正在考虑的是什么”“为什么会这么在意优惠幅度”的理由了。

把握潜在需求的两大线索

1　确认情况

2　确认理由

不直接地接受对方的语言，
而要去弄清“为什么希望这样”。

【探寻需求①】
推测顾客心声的“假设征询”

◇ 以事实依据为基础，建立假设

本书到目前为止已多次重申“要想探寻需求，向顾客征询是必不可少的”。下面，就具体地讲一讲探寻需求时的“征询技巧”。一点儿小技巧，可以大幅度提高征询的准确度。

要把握顾客的潜在需求，必须在建立“顾客语言背后有这样的意图”的假设的基础之上，验证该假设“和现实的差距”。建立假设的时候，信息、依据、经验规则是不可或缺的。

不按事实依据，仅凭自己头脑中的空想行动的，那不是“建立假设”，而是妄想。

“假设”和“妄想”的概念很容易混淆，但二者其实是不同的。

◎假设：以事实依据为基础，得出“应该是这样吧”的推论。

◎妄想：没有事实依据，仅有“大概是这样吧”的一个印象。

假设是指，“从官方网站来推测，下次对方应该会有这样的计划”“根据新商品的概念，对方的销售策略应该是这个方向吧”“从销售额的变化来看，商品的生命周期大概是这样的吧”，类似这样以某个依据为基础假定得出的推论。

而另一方面，没有依据就天马行空地臆想：“嗯，规模那么大的公司，应该会有这样的事情吧”，这就仅仅是妄想。

◆ 建立假设时必要的是“事前信息”和“观察信息”

销售员应该准备的是假设，而不是妄想。

潜在需求是不断重复假设和验证后才能挖掘到的，而不是空想、妄想的产物。

探寻顾客需求时，只问对方“有什么不懂或困难吗”，那样只能推测出已经显著化的问题。为了不被竞争对手效仿，必须要把握顾客自身没有意识到的问题，并推敲能解决的提案。

这种能逼近顾客潜在问题的手法即“假设征询”。

假设征询是指，由“事前信息”和“观察信息”导出假设，并以此为基础进行征询。

◎事前信息：是指官方网站登载的公司的沿革、经营内容、媒体（业界报纸等）上登载的报道、自己公司内部的顾客数据库积累的交易记录、从信用调查公司处获取的信息等在拜访前收集的信息。

◎观察信息：是指在商谈现场直接观察收集的顾客信息。

从官方网站收集顾客的事前信息时，必须确认以下项目。

◆ 确认官方网站的“这些地方”！

- **“话题”“新闻”**

可以了解企业最近的动向、新商品、新服务、关注的事业。

比如，新商品的定价较低的话，就可以建立“今后，该公司会走价格路线吧”的假设；反之价格高的话则可以建立“该公司想转型为高附加价值路线，努力从价格竞争中摆脱出来”的假设。

- **“经营方针”“经营理念”**

可以了解企业短期、中期、长期经营计划的方向。企业基本上都是按照经营计划推进事业的。如果了解了顾客公司的经营方针，就可以进行更深层次的谈话。

- **“沿革”“历史”**

可以了解企业创业当初的主营业务，在什么时机投资了设备，什么时机扩大了经营等。

- **“组织结构”**

特别是 B to B，“决策者（享有决策权的人）”是谁，谁是关键人物都是很重要的。应将名单打印出来预备好，以便在访谈时使用。

• “招聘信息”

招聘信息是针对“想了解该公司的人”所写的，所以公司的特征会写得简洁明了。还可以掌握“这个公司经营何种商品，什么类型的人在这个公司工作以及公司文化”等信息。

另外，如果知道了“什么部门在招聘什么职位的人才”，就可以建立“是不是在准备开展新业务？那样的话，公司近期会有一定的支出预算”的假设。

◇ 观察“市场”“办事处”“拜访对象”，获取信息

观察信息是指在现场通过观察所收集的信息。具体来说有以下 3 种。

• 市场

假设对方是食品生产厂家，就要把握销售商品的场所

（超市、便利店等）的情况。

对方是零部件生产厂家，那么就去了解一下安装该零部件的商品及销售此商品的企业、经销商等。

• 办事处、到访地

从办公室的前台或接待室的陈设、海报等观察经营者的价值观。从入口处（无人接待）的公司内线电话表可以判断“有哪些部门，谁是领导等”。

如果到访地是工厂，可观察生产线的运转状况，以及墙上贴着的生产目标数值等。

• 拜访对象

观察拜访对象。近年来，有人用记事本进行日程管理，也有人用平板电脑。从一个人“用什么样的工具管理日程”就能了解对方的性格。

另外，如果对方在会谈中频繁查看邮件，那么就可以建立“与其打电话，不如发邮件同他联系会更容易”的假设。

【探寻需求②】
收集信息的根本是“寻找差异”

◆ 不要漏掉小差异（差别、变化）

收集了事前信息和观察信息，就要以此为材料建立“能了解对方的假设”。比如说，如果是人力资源公司的业务员，从以下两则信息：

“读了在报纸上登载的开发新事业的报道。”（事前信息）

“开了1号分店之后，生意红火。”（观察信息）

就可以建立这样的假设：“该企业新事业的成长显著。其结果就是现场的人手不足，反而会有影响新店发展的可能性”，然后就会通过假设征询向顾客确认。

“贵公司 1 号分店生意火爆啊。为了今后开 2 号分店、3 号分店，是不是要在经理级的管理人才培育上有所动作呢？”

如果这个假设正确，就能顺势向顾客提出激发其潜在意识和需求的方案。另一方面，即使假设出现偏差，得到的回答是“不，我们人手够了。不够的反而是供应商”，那也相当于接近了顾客的问题。

但是，如果销售员只有一个假设，一旦假设落空就会以失败而告终了。所以，至少要准备 5 个假设。

◆ 一边寻找差异一边收集信息，更容易建立假设

收集信息的时候，如果能找到“差异”（差别、变化），就容易建立假设。比如：

“这次浏览官方网站的时候，发现话题一栏中登载的商品和上次不同。”

“去年之前都有一些高附加价值的商品，今年却只有很多廉价的商品。”

“A 店和 B 店是相同的连锁店，店内的陈设却完全不同。”

“该公司提出了和竞争对手完全相反的经营计划。”

类似这样从事前信息中提出 5 个，观察信息中提出 5 个，共计 10 个差异，然后再从中挑选、准备 5 个假设。我称之为“10 项差异活动”。从差异点出发提出疑问“为什么这样?”，就能向顾客做出更优质的征询。接触顾客的初期阶段，以“顾客”为主语展开谈话（假设）会降低对方的戒备心。

╳“我们公司是这样考虑的。”“我们公司的商品是这样的。”

○“顾客您是怎么考虑的呢?”“贵公司的消费对象是怎么定位的呢?”

以“我们公司（自己）”作为主语，容易给顾客留下推销兜售的印象。所以，以“顾客”为主语的话，对方才会更容易说出自己的想法。

通过“10项差异活动”建立假设

10项差异活动 = **通过事前信息和观察信息，建立了解顾客的假设**

Case 事前信息	1	和上一年度相比销售利润增加了（减少了）
	2	浏览官方网站发现发布了董事成员或人事组织构架的变更
	3	上次接触过的联络负责人变了
	4	办事处已新设立、迁移、合并调整
	5	启动了新项目，正紧急招聘人才
Case 观察信息	1	观察经销商 →商品比上个月畅销（在市场中经济地位较好）
	2	比较办事处 →A店和B店的○○配置不同
	3	观察办事处内部 →布告板上的主题发生变化
	4	观察会谈对象 →发型、随身物品、表情和上次不同
	5	观察运营情况、库存情况 →和上次拜访时相比更忙碌，或库存量很大
具体假设		“和上一年度相比销售利润增加了！今年发生什么变化了？” “A店和B店都是同系列连锁店，但是店内的氛围完全不同。有什么理由吗？”

【探寻需求③】
相较公司，更应关注“个人情况”

◇ 征询时需要确认的6大要点

与“需求低、和自己公司的关系也弱的顾客”（第4类顾客）接触时，征询意见尤为重要。

如果合同被延期执行，或是输给了竞争对手，原因应该是“意见征询得不充分”=“不了解顾客”。应确认的事情没有问清楚就一味推进会谈，因此没有找到顾客的潜在需求。为了了解顾客，掌握潜在需求，征询意见时需要确认以下6点事宜。

①顾客的情况（个人情况）

掌握顾客是“什么样的公司”“销售额或市场地位如何”等公司情况理所当然，但也必须了解顾客自身（负责人）的情况。也就是说，在B to B的情况下，需要确认

“公司情况”和“负责人情况”。

“您平时花最多时间去做的是什么事情?”

“现在，您觉得最困难的问题是什么?”

类似这样不问公司的情况，而是关注“个人情况”，使顾客放下戒备心，就能获得更多信息。

②问题和原因

在确认了“①顾客的情况”之后，要思考“为什么会如此”。整理零星涣散的信息，也可以说为理清“啊，原来如此。顾客有这样的问题啊”在进行分类作业。

③课题和优先顺序

课题是指为了解决“顾客所面临的问题”而采取措施的行动方案的主题。

课题不局限于一个。可以与问题的数量一致，也有为了解决一个问题而必须设立数个课题的情况。

假如有 10 个课题，那么就有必要明确它们的优先顺序，排序依据即“顾客希望从哪个课题开始解决”。

课题当中，也会出现靠销售员现有资源无法解决的情况。假设有10个课题，而作为销售员能解决的课题是优先顺序中的“第10位”。那么，可能很多销售员会认为“第1个到第9个课题我都没有什么能帮忙的，也就没有必要特意去问了”。

但是，即使该课题靠自己公司的资源无法解决，也必须要向顾客问清楚。因为，如果将第1个到第9个课题相关的信息带回来，还能继续接触顾客。

如果只将自己公司作为话题，因为其优先顺序是第10位，所以很难成为探讨的目标。因此可以有意识地关注前几个课题的相关信息，尽量提供间接的帮助。

另外，即使课题现在优先级是第10位，但如果能激发顾客“意识”，也有可能提高优先顺序。

“现在是第10位，实际上我认为是应该第5位着手的课题。因为，尽早着手解决的话，有以下优点。”

若自己公司的优先顺序靠后的话，就要有意识地“在接触顾客时提高优先顺序”并“对其他课题提供间接帮助”，逐步加强和顾客的关系。

④具体的要求

对顾客已经意识到的需求也要进行把控。应该要注意的是确认“对方想怎么做”“那么做的理由是什么”。潜在需求可能就隐藏在其中。

⑤顾客的时间轴

应确认顾客“要经过多久的探讨阶段，什么时候能够决定”“为什么要到那个时候决定”。

假设是 3 月份结算的企业，一般来说到 11 月或 12 月左右就会决定下一个年度的预算。如果商谈到 11 月份还没有进展，就需要再等一年。

另外，如果“新项目的提案，是每个月 1 号的晨会上进行探讨的”，那么要是没来得及在那个会议上提出方案，就又要推迟 1 个月。如果是频繁地进行人事变动的公司，在人事变动之前商谈没有进展，有可能中途负责人会被更换。

为了防止提案变得时机不好或跑题，就要把握顾客的时间安排。

⑥决策的流程

确认决策流程（进行什么样的决定），尽可能初期阶段去拜访“决策者（享有决策权的人）”，征询意见。

即使销售员和负责人之间已经达成了意向，如果没有融合进决策者的意向，那么也还是无法提升提案的精度。如果见不到决策者，必须要向负责人提出以下问题：“最终决策的关键人物是部长吧。部长最关心的是哪些事情？另外，这些事的优先顺序如何？”，否则后面的提案就会受到影响。

但是，要拜访决策者并不容易。很多销售员会异口同声地说：

“我们根本见不到管理层，也见不到决策者。”

销售员能见到负责人，但是和负责人的上司联系却很难。最终决定购买时，大都需要决策者的同意，所以必须在早期阶段拜访决策者。

那么，如何做才能拜访到管理层（决策者）？要解决“见不到管理层”的烦恼，有下列3种方法。

◆“见不到决策者……”时的接触方法

【接触管理层的方法①　利用职权】

大部分销售员都有“自己去见顾客时，不想带着上司去”这样的想法。其实带着上司去，对方也就有可能叫自己的上司一起会面。

【接触管理层的方法②　给出正当理由】

你拜访对方时提出“想向您的上司打个招呼”，但对方上司很难见到。这是因为，没有和你“见面的理由”“见面的好处”。上司没有空闲时间去接受一个销售员的寒暄。所以，要找到能够让对方认为“见一面也好”的正当理由。

【接触管理层的方法③　不要错失时机】

从对方的时间轴逆推，提出建议“想在这个时间拜访”，也不失为一个好方法。

“贵公司进入繁忙期之前，我想先准备好。在您工作变忙之前，我能否去拜访您的上司?”

“我准备在○○月左右进行商品展示。届时，您的上司要是能参加，更容易理解商品导入后的好处。”

把握好“会面时机”，配合那个时间点创造“会面机会”是非常重要的。

征询意见时需要确认的6个要点

	确认要点	具体的实例
1	顾客的情况	“现在，您觉得最困难的是什么？”
2	问题和原因	“您觉得什么地方有问题？”
3	课题和优先顺序	“哪个课题需要优先解决？”
4	具体的要求	“目前具体的要求是什么？”
5	顾客的时间轴	“什么时候可以下决定？”
6	决策的流程	“由谁、如何决定？”

【把握顾客的真实想法①】找出顾客不安的“10分谈话法”

◆“这样的决定是否正确”是最大的不安

为了探寻顾客需求，我们想出了“征询意见法”。但仅依靠征询意见还不够。为了引导需求，探讨“如何消除顾客的不安和顾虑”也是不可或缺的。下面就来说说具体的方法。

人们抱有“想自己决定”的欲望的同时，也会对自己的决定抱有不安——“想自己决定，但又不想吃亏”。

如果顾客会烦恼“该相信这家公司吗”“是不是还有别的更好的商品”，那是因为抱有“希望做出正确决定”=“不想出错”的想法。相较对商品、公司及销售员的纠结，“对自己决策的不安”更胜一筹。为此，销售员要从专业人士的角度提供意见，消除顾客对决策的不安。

“以这样的方式去选择，肯定不会出错。”

“这个可以作为比较的材料。”

要想让顾客认为自己“和专业人士商量后，做出了‘现阶段只有这一选择’的决定”，就必须向顾客介绍“需要考虑的重点是这个”“选择的重点是这个”（“选择方法”在第3章详述）。

当然，不仅是优点，还要直率地告知顾客商品的弊端。然后，收集所有有助于下决定的材料之后，让其认识到“能帮助自己做出最佳决定的是销售员”。

◇在“10分谈话法”中把握理想和现实的“差距”

为了让顾客做出“正确的决定”，有必要筛选出现阶段的负面因素（不满）。如果不明确顾客“有什么问题”“怎样才能解决问题”，销售员就无法提供准确的提案。但是，直接询问“有什么不满意的地方吗”，顾客会对销售员有所顾虑而不一定会直率地回答。为找出顾客不满意之处，问一些关于“理想和现实的差距”的问题，就会有效果。

“最理想的状态是什么样的？和现在相比，什么地方有问题？”

“您觉得有什么地方是‘能变成这样的话就会更好’？”

和顾客的关系变紧密之后，试着用“10 分谈话法”提问也是有效果的。10 分谈话法是指，弄清楚“如果将理想的状态定为 10 分，那么顾客认为现实是几分”的谈话手法。当询问顾客“如果 10 分是满分的话，现在正在使用的商品有几分”，假设对方回答是“8 分”，那么就可以接着问“那么与满分相差 2 分的理由是什么”，假设对方回答是“10 分”，这时如果能继续问对方“如果想将 10 分提高到 20 分的话，您认为哪些做法是必要的”，就可以和顾客一起思考改善对策。

找出顾客不安的“10分谈话法”

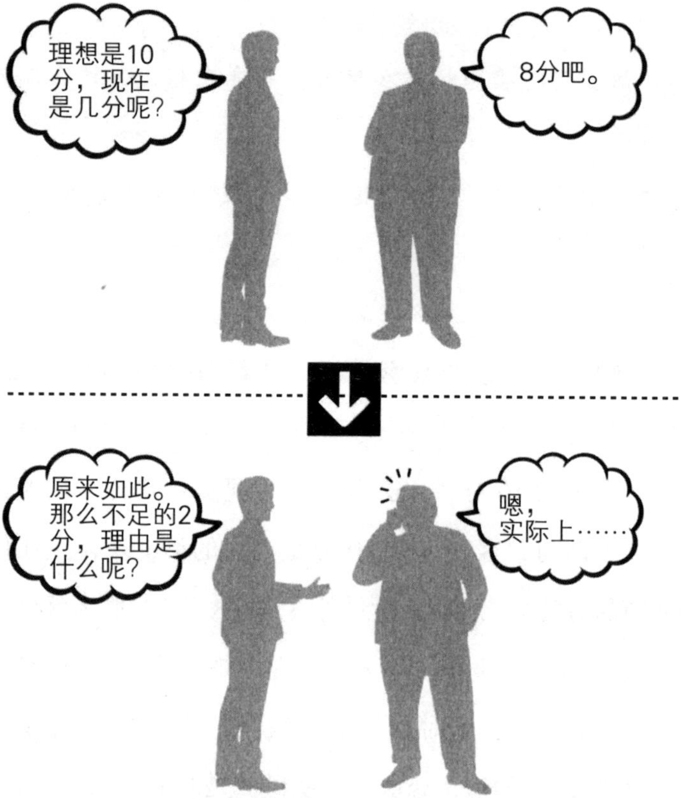

把握顾客心底深处的不安、不满，思考改善对策

【把握顾客的真实想法②】攻克拒绝话语的5大突破方法

◆ 把握语言背后的真意

在接触顾客的初期阶段，顾客会将“各种各样的拒绝话语”挂在嘴边，来躲避销售员。

首次被明确地拒绝之后，就会失去再次会谈的机会。对于这样的烦恼，我开设了攻克顾客拒绝的培训课程。这个课程摘录了“顾客的拒绝用语”并进行分类，也阐述了针对各种拒绝理由的不同回击方法及补充说明。

顾客拒绝的方式各种各样，但说全了也就分为 10 种类型。如果拒绝话语的种类只有 10 种，那么只要准备好相对应的“回击话语”，就不会慌张而可以镇定地处理了。

【拒绝话语例句】

①已经和其他公司展开了联系

②感觉价格有些高

③很忙，没有时间会面

④经济不景气没有预算

⑤现在不考虑

⑥亲戚或朋友已经买了，觉得没有必要

⑦现有商品已经很满意，没有什么问题

⑧没兴趣

⑨在哪儿买都一样

⑩刚购买了

如何？只要是销售员，应该都听过这样的拒绝话语。而将这些拒绝话语背后的原因——“为什么现在，顾客会这样拒绝？”进一步分析整理的话，拒绝话语的真实原因可以归纳为下列两种理由。

①“没感受到商品的优点（价值）”

②“觉得听介绍很麻烦”

这两个理由才正是顾客语言背后的真意。销售员的回击不能对应对方的“语言”（拒绝话语），而必须针对顾客的“本意”。如果能让顾客认为“花点时间有价值”“听听介绍有好处”，就能与顾客继续接触。

那么，如何做才能够切实应对对方的本意？要想突破拒绝话语，可以从下面 5 个突破口进行回复。

◎突破口①切换视角

在顾客原本的想法之外，让其意识到别的见解、别的想法。比如，当顾客以“价格高”拒绝时，

“确实初期费用是需要多花费一些，但如果考虑商品的使用寿命和维护费用，那么 3 年后这款商品的性价比就很高。”

这样回复，顾客的视角就从“初期费用”切换到“维护费用”了。

◎突破口② 提出解决方案

如果顾客认为价格高又没有预算时：

“我们也有这样的方案。”

“我们也有符合您预算的商品（服务）。”

像这样提出别的解决方案。

◎突破口③ 分割风险

比如说，顾客会感受到“换了机器后，商品的品质是否有保证”的风险。如果顾客对此隐隐地感到不安，销售员可以将风险分割到每个阶段去考虑。如果销售员能提出“什么时候会产生何种程度的风险”“对于那样的风险如何应对”，顾客也就容易接受了，认为“也不是那么大的风险”。

◎突破口④ 介绍不购买的风险

人是恐惧失败的动物。所以，

“如果不导入这个机器，每个月的电费都需要承担这么多。”

像这样具体地介绍不购买的风险（弊端）。

◎突破口⑤ 强调购买的好处

“如果导入这个机器，那么每个月的电费将节省这么多。”

像这样具体地介绍购买的好处。顾客如果明白了“购买风险并不是零，价格也高，但除了风险也有好处”，也就会感兴趣了。

攻克拒绝话语的5大突破法

	回击的要点	具体的实例
1	切换视角	“最初的确费用高，但第二年以后费用就会逐渐降低。”
2	提出解决方案	“也有符合您预算的商品。”
3	分割风险	“把顾客的不安一个一个地分开看。”
4	介绍不购买的风险	“不购买机器，电费每个月需要承担这么多。”
5	强调购买的好处	“使用这个机器后，电费每个月能降低这么多。”

产品（服务）优势要简明扼要、配合问题一起提出

◆ 不回答问题是因为没有“值得介绍的优势”

即使销售员提出了准备好的问题（假设），顾客也可能不愿回应。因为顾客本来就没有回答销售员问题的义务。

“想了解顾客的情况”这样的心情，是销售员单方面的意图，并不是顾客的本意。如果初次会面就唐突地询问“目前您正使用哪家的商品”“您能拿到多少预算”这样的问题，那么顾客会以“我没有必要回答”这样的方式来拒绝也就可想而知了。

要想让顾客觉得“回答也无妨”的话，就必须要让顾客感受到回答后的好处。

向顾客说明好处，引导出问题答案的征询法，我称之为“Cut-in”。使用 Cut-in，可以避免“即使提问题，也

不愿意回答”的情况发生。Cut-in 的原则是：以“一个优势，一个提问”的方式进行。

◎“一个优势”

对顾客的好处要简明扼要地介绍，如：

“我今天带来了可以降低 30%成本的提案。”

◎“一个提问”

和优势配合，提出能够唤起双方共鸣的问题。

“原油价格的暴涨，导致您这边成本的负担也变重了吧？”

对于“一个提问”，对方要是能产生“是那样的”“确实很艰难啊”这样的共鸣，就可以以此为引子展开会谈，也易于进一步接触。

另一方面，若 Cut-in 失败了，没有唤起顾客的共鸣，就应该换个话题再尝试一次。如果对成本负担的问题对方反应很平淡，那么就从省力、提高生产效率等别的视角重新试试。

68

攻克顾客“不想回答”的4个接触方法

◆应对模式记心间

除了“感受不到回答问题的好处”的理由以外，顾客还会出于以下心理而拒绝回答问题。

情况① 不想被纠缠

销售员的话太长、太单方面，推销的痕迹太明显，都会让顾客疏远销售员。为了不让顾客感到“被纠缠”，先宣称“并不会马上就开始商谈”也是一种方法。举个例子：

“虽然想立刻就向您推销产品，但是在您的需求提高之前，我不会单方面强迫您‘请买吧’，请放心。今天我只是来给您提供一些信息的。”

“我没有想要立刻就成交。我打算先与您认识并交往两三年，在相互了解、信任之后，再一起寻找机会合作。”

明确地表明自己“想花时间建立信赖关系。为此不惜提供这样的信息”的立场，就能消除顾客“被纠缠”的感受。

情况② 不想给出交涉时对自己不利的信息

也有顾客会担心闲谈时的内容“可能会被变成销售员交涉时的依据”。然后，由于对销售员的猜疑变得警惕地“不说多余的话”。

对于这样的顾客，可事先声明“没有要手腕的打算”。

“首先我想好好了解您的情况，然后提出最好的方案。所以，请放松。”

“我不会要手腕的，请放心。现在说什么都没关系。因为我不会抓您话柄的。”

情况③ 不想因为“不知道”的事情被当成傻瓜

有的顾客也会感到“如果对方发现我对此一无所知，可能会骗我”这样的不安，而闭嘴不说。这时，可以分享自己的体验，如："我也有不知道的时候""我曾经也很无知"，让顾客安心。

"我现在是进入公司的第三年，最初也真是很辛苦。最初的失败是这样的……您呢？"

类似这样和顾客交换自己的经历的同时试着提问。

另外，即使对方的知识很浅薄，也要说：

"您很了解啊。"

"您信息真灵，见识也很广啊。"

"那个消息是从哪儿收集的啊？能了解到那个程度很不容易啊。"

像这样真诚地认可顾客。

情况④ 答案还不确定

顾客"需求低，不知道是否购买""没有意识到潜在需求"的情况下，要贯彻"帮助仍未做出决定的顾客，是销售员存在的意义"的立场。

“如果已经决定了，就不需要销售员了。在您得出结论之前，我们一起考虑吧。”

“在您还没有决定的阶段，能一起谈一谈真是很荣幸。请让我助您一臂之力。”

类似这样以“还没做出决定”为前提去接触，可以圆滑地消除对方的拒绝感。

介绍公司时要有意识地融入“能被顾客认可的优点”

◆ 如果很知名，也就没有必要做公司介绍

初次拜访顾客时，很多销售员都会为了让对方了解自己公司而进行“公司介绍”。一边打开公司简介、指南、目录等资料，一边说“我们公司是○○年创立的……”“我们公司员工多少，全国有○○个办事处……”“我们公司的主力商品是……”，有的销售员甚至会如此连续介绍10多分钟。

但是，公司介绍太长会起到反效果。一直不断地听不感兴趣的话题，对顾客来说是很痛苦的，会让顾客感觉“已经不想再见面了”“没有见面的必要”。

初次拜访时进行公司介绍是为了让顾客了解自己的公司“不是可疑的公司”“是值得信赖的公司”。也可以说介绍公司的目的是为了让顾客安心。

所以，如果是较有知名度的公司，我觉得“没有必要进行公司介绍”。

另外，即使是不知名的公司，也应尽可能简短地进行公司介绍。时间标准是 1~3 分钟以内（因为据说人对于不想听的事情，能忍着听的最大极限是 3 分钟）。

如果要在 1~3 分钟内简短地介绍公司，就必须要重点说明“顾客想知道的事情”。**顾客想知道的是公司的“业绩、案例”。**

“一般来说，常规的做法是这样的。但我们公司是通过这种方法步入正轨的。”

像这样将顾客看来是公司优点，以及和竞争对手差异相关联的要点结合起来进行公司“业绩、案例”的介绍。

介绍业绩案例时听起来像是自卖自夸，而如果能结合技术或经验，就可以激发顾客的“意识”。顾客若能感觉“好像是挺可靠的公司”“好像有高新技术”，那么初次的公司介绍就算成功了。

◆ 探讨购买的阶段，再次介绍公司

“公司介绍在最初接触阶段”留给顾客的印象会很强烈。但是，公司介绍的重要性反而在“购买意愿提升之后”变得更高。

顾客开始积极探讨是否购买之后，心中会随着商谈的进展而冒出以下不安：“将这个公司选为供应商没问题吧”“能够按时交货吧”“售后服务是否能切实做好”“不会倒闭吧”“货物既出，概不负责的事情不会发生吧”，等等。

为此，顾客决定了购买，开始进入“那么，该从哪儿购买”的探讨阶段时，就有必要再次介绍自己的公司。公司简介的时机：

- 初次拜访：为了给予对方安心感
- 探讨购买时：为了推进具体合同的签署

请在这样的时机斟酌进行二次介绍。

介绍公司时有意识地融入“能被顾客认可的优点”

✕ 公司简介的介绍

对顾客来说只是很痛苦地听着

◎ 结合技术的业绩、案例

激发了顾客的“意识”，产生兴趣、引起关注。

初 次 会 谈 时 不 能 说 的 话 题

◇ 拜访后的寒暄是“我还会再来”

销售员应该持续和顾客接触，强化相互关系。P30、P31 谈到“如果销售员努力，可以拜访 3 次”，但是在现今时代 3 次拜访就能成交的销售活动是很难实现的。

使“第 4 类顾客”成长为“第 1 类顾客”，往往需要花费 2~3 年时间。为了不中断和顾客的联系，需要掌握定期进行拜访的策略。（P31 讲到的“带回问题”，也是策略之一。）

拜访顾客时，如果只照本宣科地说明一遍商品信息，然后就说“那么，有什么事儿再联系……”，就无法进行持续性拜访。**必须向顾客明确表达“我还会再来”的意愿。**

“希望能和您定期地交换信息，到〇〇时期，我会再来拜访。”

“下次请务必在〇〇项目时给我一点时间来拜访您。”

“那么，在〇〇阶段时我会再次打电话和您联系，方便的话我们就在那时交换信息。”

“我这边也会去收集一下信息，然后再找时间拜访您。”

像这样埋下伏笔的话，下一次约见也就更容易。然而几乎大部分的销售员在告辞时都会说“再有机会见面的话，请您找我”，这种说法会让顾客认为“这个人不会再来了”。销售员因为自己的话而丢失了再次约见的机会。所以，告辞时不要说“再见”，要说“我还会再来”。

◆ 了解负责人的行为模式，更容易获得下次约见

为了获得下次约见，弄清“负责人的行为模式”是很重要的。需要把握的要点如下：

“一周内，顾客比较可能有时间的是星期几。另外，不方便的时候是星期几。”

“月初和月末，哪个时间更方便？”

“季节性工作周期如何？”

……

像这样把握负责人工作的时间轴，就更易于计划下次的会谈日程。了解了行为模式之后，

“这个月您看起来很忙，下个月见面如何呢？”

“我听说星期一您很忙，星期二给您打电话好吗？”

考虑对方的日程之后，再来决定下次拜访的时间。

下一页会另外总结“初次拜访时不该说的代表性语句”，敬请参考。

初次拜访时不该说的代表性语句

“现在的供应商有哪些地方做得不好？”	这句话在听顾客说“已经有合作的供应商了”之后很容易脱口而出。但是，自己使用的东西被别人贬低，是很让人生气的。“您用下来觉得如何”，要这样引导顾客说出自己的感受
“您有购买的打算吗？”	如果顾客回答“没有”，那么会谈就无法进行了。另外，谁都有“不想被推销”的心理，所以不该问这样直接的问题。初次拜访需要有意识地收集有助于了解顾客的信息
“绝对不会让您吃亏的”	这样的表达不但没有介绍“什么商品、何种程度、如何好”，反而会失去信用。顾客想知道的是有根据的事实和对自己的好处
“大概”	对于顾客的要求，不要回答“大概可以吧”。过度期待之后却没有实现时的沮丧是极度严重的。当时无法回答的，应该说“现阶段是这样的……”，明确说明现阶段的情况

顶级销售员所具有的3大能力

1 引导需求的能力

2 提高顾客对商品、服务兴趣的能力

3 介绍“选择方法”的能力

第2章

令顾客双眼放光、『还想听更多内容』的销售会谈

——提高顾客对商品、服务的兴趣

说明“购买理由”会令顾客想听更多的内容！

◇ 让顾客意识到“不购买的弊端”

第1章中详细阐述了“引导需求”的方法。但是，即使引导出需求，知道了“什么商品是必要的，会有什么样的隐患”，也不会急着成交的。因为几乎大部分的顾客都还没有到达“探讨购买的阶段”。

经常会听说销售员一旦表露了推销的意思，和顾客的信赖关系就被破坏了。所以，暂且贯彻保持“当顾客的商量对象”的立场才是上策。在第2章，我们在详述征询意见、提供信息的具体做法的同时，还会介绍提高顾客对商品、服务兴趣的方法。

较有效的方法是：向（顾客）说明“购买的理由、好处”。**这一方法能产生商品力及价值以外的“附加价值”**。

“购买会有什么好处?”

“不购买，又会有什么弊端?”

“如何选择才能做出正确的决定?”

“该如何考虑后续问题?”

提供诸如以上的信息，培养顾客的购买欲望正是“提高对商品、服务的兴趣”的目的。

我认为向顾客说明“购买理由”有三大意义。

◆ 说明“购买理由”的三大意义

①提高购买意愿

在探讨、决定是否购买之际，如果能了解“什么商品该按哪个顺序、如何考虑”“要用什么样的判断标准”，购买的流程就逐渐清晰了，因而顾客的购买欲望就会高涨。伴随而来的是，对引导自己发现、意识到这些的销售员的信赖度也提高了。

②明确“不选择”“不购买”的风险

因为顾客有“自己来决定”的欲望，所以都有讨厌被第三者强迫的倾向。

然而另一方面，他们又不想失败，所以希望能获得有助于决定的参考“信息”。

即使产生了购买的想法，顾客还是容易有“与其失败，还不如不购买”的想法。但是，通过收集信息，就能让顾客意识到“不购买也有风险”。于是，顾客就会衡量“购买的风险”和“不购买的风险”，开始客观地考察。

③令顾客产生希望和销售员“持续接触”的想法

如果在需求低、关系弱的阶段推销，顾客会抱有“被强行交易”的不安情绪。

但是，如果能让顾客觉得“和那个销售员会面，能得到有用的信息”，那么也就能和顾客持续地接触（增加接触次数）。

说明“购买理由（好处）”的三大意义

1 顾客的“购买意愿”高涨

2 明确“不购买”的风险

3 让顾客产生愿意和销售员接触的想法

销售会谈的基本内容是“优点→背景→商品说明”

◆ 商品说明还可以忍受

在经济及消费都已趋成熟的现今社会，“只有那个公司才经营这种商品”的情况少之又少。每家企业都有类似或者可替代的商品。

人们总是不喜欢被推销商品，或者被强加价值观。老话重谈，人们对于自己的行动或者选择，总是具有“自己来决定/自己来选择”的欲望。

即使有需求，但面对“我公司的商品非常好，请购买吧”的直接推销，会回答说“好，我知道了”然后直接购买的顾客，几乎不存在。

当选择权被剥夺，或被人强制时，即使该提案对自己来说有好处，也会很反感。这种心理状态被称之为“心理抵抗”（reactance＝抵抗）。

◆ 商品说明“自然地”变成了推销

销售员自己可能没有“正在推销的意识”。

但，以商品为出发点的销售会谈，即使说“这个商品非常好……”等，也容易被认为是在“推销”。销售员一旦这样进行商品说明，顾客心中就已经产生了购买抵抗（心理抵抗）。请参考 P88 的问卷调查结果，就能彻底明了“推销”“商品说明”是如何导致顾客疏远的。

要减弱购买抵抗，不应以“商品”而应以“优点”为出发点进行说明。举个例子，

“①今天我想跟您谈一个有如下优点的话题。②为了实现这些，我们公司开发了这样的技术。③搭载应用了这个技术的是这个商品。”

类似这样按“①优点→②技术背景→③商品说明”顺序，围绕“优点”进行会谈，也就减弱了推销的感觉。然后，自然地提高了顾客对商品、服务的兴趣或关注度。这样也就不至于剥夺顾客的选择权，也不会压抑其“自己来决定”的欲望。

但是，很多销售员却是以与之相反的顺序进行会谈的，是以“商品说明”为出发点。关于这种做法，请看下

面的例子。

“①这个商品是这样的。②具有这样的技术、这样的特征。③所以购买这个商品，会有这样的好处。”

这样一来，谈话的重点就很容易变成“有这样的好处，请购买这个商品”的推销了。

实际上，如果展示商品优点还是有希望的，但很多销售员都一味地强调“这个商品只卖多少钱”的价格优势。销售员直白的推销，反而推开了顾客。

极端地说，商品说明是没有必要的。商品信息只是用来证实对顾客有好处的证据而已。

对于销售员来说卖商品是“目的”，但对于顾客来说购入商品只不过是“手段”。理解了这两者的不同，“能将成本削减20%。因为我们公司有这样的新技术”，类似这样将商品的特征转换成“对顾客来说的优点及好处”是很重要的。

Q. 在销售介绍中，顾客最“不想听”的内容TOP5

第1位	毫不顾及顾客感受的商品推销	42.3%
第2位	滔滔不绝地介绍自己公司的商品、服务	22.4%
第3位	冗长的公司简介	17.3%
第4位	对公司业绩夸夸其谈	10.2%
第5位	竞争对手的坏话或负面内容、宣传活动	7.8%

※调查对象：购买决策者300名（购买负责人、总务负责人、户主等）
※可做多项回答

销售员具备的商品知识和“顾客需要的商品知识”是不同的

◆ 顾客真正想了解的是什么？

本书一再重申“不要成为只会进行商品说明的低水平销售员”。本节中，在向读者介绍支持这种说法的科学数据的同时，还会阐明“顾客真正的所想所愿”。

我曾经以 300 家公司为对象，展开了以“想从什么样的销售员手中购买商品”为主题的问卷调查。最多的回答是“商品知识丰富的”。顾客希望遇到具备丰富商品知识的销售员。但是，如果销售员试图以商品说明为重点与顾客进行接触的话，是行不通的。

因为，销售员特意强调的商品知识，和顾客需要的商品知识是不同的。消费者具有这样的心理：“虽然渴望获得商品知识，但又不希望得到的只是单方面的商品介绍。”

◇ 顾客购买的不是商品，而是“价值”

很多销售员掌握的商品知识都是商品的技术背景、开发过程、用途等关于自己公司商品的知识。

而顾客需要的商品知识，并不是商品规格的相关信息，而是关于销售员“自己公司商品和其他公司商品的差异”或“符合顾客价值观的商品选择方法”的信息。也就是说，顾客渴望获得包含“差异”或“选择方法”等内容的商品知识。

“这个商品和其他商品有什么不同？怎样选择更好？”

“购买了那个商品的话，能获得什么样的价值？”

这些才是顾客真正想知道的。

如果不能提供这样的商品知识，那么顾客的购买欲望就会持续低迷。销售员不仅要掌握自己公司商品的知识，还应该具备其他公司商品的知识。然后，在了解顾客（征询意见）之后，必须给出“这个是符合顾客自身情况、立场、价值观的商品”的方案。以上内容，可归纳如下。

- 销售员进行的商品说明：自己公司的商品说明、新技术、商品特性等。

- 顾客渴望的商品说明：和其他公司商品的差异、购买后获得的价值等。

即使非常了解自己公司商品的性能或技术，但如果不明白该商品的相对价值，也难以得到顾客的关注。提供商品相关的信息时，必须符合顾客的个性化需求。

如果销售员认为“只要商品说明做到极致就能卖出去”，那绝对是妄想。可以断言，和商品说明相比，只有“差异”或“选择方法”做到极致才能卖出商品。

9成的销售员都误解了！这些才是顾客想听的事情

针对销售负责人的问卷调查

Q. 商品提案的阶段想向顾客介绍什么？

第1位	商品、服务的特征或优点
第2位	商品或服务的好处
第3位	和竞争商品相比的优胜点

※调查对象：销售负责人1000名

针对购买决策者的问卷调查

Q. 商品说明阶段想从销售负责人那儿听到的是什么？

第1位	与其他商品相比，品质和服务有什么不同
第2位	对自己公司、自己来说最好的选择是什么
第3位	该商品或服务的价值

※调查对象：购买决策者300名（购买负责人、总务负责人、户主等）

顾客渴望的不是“产品说明”，而是“与其他公司的差异”或“购买的好处”。

顾客的两次犹豫 ——商谈中止或延期的理由

◆ 怎样才能消除犹豫

顾客最终决定购买之前会有“两次”犹豫。

● 犹豫的第一阶段：购买探讨“购买，还是不购买？”

● 犹豫的第二阶段：商品探讨、企业探讨“购买什么样的商品，从哪家购买？”

比如，买房就是从“购买还是不购买”（第一阶段）开始探讨，决定购买后，再具体地探讨“购买公寓，还是购买独栋别墅？买公寓的话，选择哪个品牌地产，在哪个地段购买？”等（第二阶段）。

即使是企业，在讨论决定“引进哪个设备”之前，也会有“该不该投资设备”的第一阶段的犹豫。

很多销售员都没注意到顾客的“两次犹豫”。公司为销售员准备的常规销售指导手册，很多都是聚焦在第二阶段，因此掌握第一阶段应对技巧的销售员很少。

只会应对顾客第二阶段的犹豫的销售员，只能追着项目跑。然而，“决定了购买的顾客”“需求高的顾客”（第1类顾客、第2类顾客）数量实在不多，要提升业绩终究是一场苦战。

◆ 导致中止或延期的原因

因第一阶段的犹豫而导致取消购买的标志性行为中，最显著的是“中止和延期”。

顾客从销售员处收集信息，衡量了“购买风险”和“不购买风险”后，总算倾向于购买了，最终却出现顾客决定“延期”“再看看情况吧”“重新讨论”的案例貌似正逐渐增加。与其说这是输给了竞争对手，不如说是在项目进入第二阶段之前“就已经泡汤了”。

也许不同社会形态、行业、职业的具体情况会有所不同，但我的实际感受是，大概有6成的项目会遭遇中止或延期。也就是说，假使有10个项目在讨论，其间会有6个项目无疾而终。

那么，为什么顾客会下定决心将项目中止或延期?

其中虽有因为资金问题等导致的不得已的理由，但实际上更多的是因为一些抽象的理由。顾客被社会整体氛围或在时代的洪流中感受到的“没来由的不安”所困惑，导致无缘无故地决定继续观望的例子有很多。前文中也早已说明，人类有“犹豫就放弃”“无法理解的事情，就不再考虑”这样的心理倾向。

出于“虽然现在经济状况变好，消费税也可能上涨到10%，但目前还是控制支出更好”“钢材、水泥等建材价格上涨，东京奥林匹克之前应控制设备投资”等考虑，所以打算维持现状（或撤出项目)。产生这种没来由的不安是因为“未来的事情无法预知”“无法预测”。

◆ 销售员的职责是指出购买途径

因为“不管如何考虑，将来的事情都无法预知，所以就放弃考虑”“放弃购买”，停止思考。对于这样在第一阶段犹豫的顾客，指出购买的途径或思考的关键点，是销售员的职责。

“从这一要点考虑，会有新的发现。”

“只要收集到这方面的信息，就不会错失良机。”

“参考这个信息，可能会更容易把握经济动向。”

比如，眼前耸立着陡峭的山崖时，很多人会停住或折返。但是，若专业登山者告诉你“如果走这条路线，即使是初次登山的人，也有希望安全登顶”，你就会觉得“哦，那就前进吧”，也就会继续迈步。

销售也是同样的道理。对于因犹豫而停止前进的顾客，向其指出购买的途径，就是销售员的职责。

作为专业人士提供信息，消除顾客对未来的没来由的不安。那样，中止的项目讨论又会继续启动。为了尽可能减少项目中止或延期，销售员必须用心为顾客提供信息。

应对“犹豫顾客”最为有效的4项信息

◆ 配合顾客，改变接触方式

话续前文，给第一阶段犹豫的顾客指出购买途径，需要告知其 4 项信息。这样可以消除顾客没来由的不安，顾客也会开始具体的探讨。

信息① 对购买和不购买的好处、弊端的比较

“购买会有这些好处、弊端（风险）。”
“不购买则会有这些好处、弊端（风险）。”

像这样分别针对购买和不购买时的价值，客观地进行比较。

信息② 探讨时需要考虑的要点

“针对这个项目，不要忘掉这3个要点。”

像这样具体地提示符合顾客价值观的要点。

信息③ 探讨商品时间轴

“如果购买公寓，趁这个时期完成合同，就可以在○个月后入住。”

“这款车型很畅销，交车需要等候3个月。如果您希望暑假之前提车，可能最晚也要在5月份做出决定才好。”

“因为○○月税制会变更，所以在那之前引进可能是一个好的选择。”

先设定一个假想的最终时间点，然后往前推算，提出“什么时候开始更好”的探讨时间轴。

信息④ 作为专业人士给出“令人恍然大悟”的建议

从①到③都是可以从网络、杂志等渠道就能获得的信息。虽然都是有用的信息，但只能提出这样平庸的信息，那么顾客可能就会认为“没有这个销售员也无妨”。

“其实，这点还没有几个人知道……”

“其实我自己也是最近才注意到的……”

“通常销售员是不会和您说的……”

类似这样提出“专业人士独有的看法”，更有助于改变顾客的想法。

◆ 控制顾客的“犹豫阶段”

给第一阶段犹豫的顾客提出 4 项信息后，约有几成的顾客会产生“那么，我再考虑一下”的动机。

需求低，“第一阶段犹豫的顾客”所渴望的信息，和“购买欲望高涨的顾客”所渴望的信息是不同的。如果不能在理解顾客所处的犹豫阶段的基础上提供信息，就无法打动顾客。

如果不准备好适合每个顾客的销售方式，就会要么“因为没有项目”“需求低”而放弃拜访，要么除了自己公司的商品说明之外毫无办法，结果也就无法培养出顾客的

“潜在需求”。

但如果事先就准备好“面对犹豫的顾客时的说辞”，即使现在没有项目，也可以培养顾客。可以实践播种、培育、收获的所谓“农耕民族式的销售方式”。

农耕民族式的销售方式，与狩猎“现在马上就会购买的顾客”的游牧民族式的销售方式相比，虽然花费时间更多，但更有可能在现有顾客中培养出回头客。

努力争取新顾客的游牧民族式的销售方式遇到了巨大的拐点。虽然这种方式花费的时间少，但如果不在培育第一阶段犹豫的顾客方面花费心思，在不断紧缩的市场中就无法增加顾客数量。

确认顾客的“看法、感情、错误想法”

◆ 倾听“购买，还是不购买”的顾客的话

销售员不能把自己的价值观或喜好、意向强加给顾客。重要的是，“销售员要迎合顾客的价值观”。

对销售员来说微不足道的事，可能“对顾客来说却是重要的事情”。**商品的优点，也有顾客反而会觉得是弊端。**

所以，顾客在探讨“购买，还是不购买”的阶段，销售员必须看清顾客重视哪些事情。不能单方面地让顾客听销售员说，“倾听顾客的话”才是前提。

在顾客对商品、服务产生兴趣的阶段，必须从各个角度征询意见，深度挖掘对方的话。那么，挖掘出什么信息，才能说“这次商谈是成功的”呢？需确认以下 3 点。

①确认顾客的看法

比如，在销售员提供了“目前市场是这样的状况”的

信息之后，附带问一句“您是怎么看的”“贵公司是如何考虑的”这类确认性的问题，顾客就会“站在自己的角度去理解”。让顾客认为“和自己有关系”“自己也是当事人”是很重要的。

②确认感情

这一点和①的不同在于其以感情为立足点。人是复杂的生物，即使理论上是对的，也不一定会在感情上接受。“我知道这个商品很好，但别人都用我就不喜欢了”，或者“我充分理解导入这款设备的必要性，但还是很难决定”等，要听听对方真实的想法。

③确认顾客的错误想法

对于“买公寓还是优先考虑面积大小更好”“数码相机的像素越高，拍出的照片越清晰”等，顾客的既成概念、现有知识，换个角度看有可能“是错误的”。销售员接过话题时意识到顾客的错误后，可以通过如下会话：“那点是很重要，但这点也很重要”“那个问题原本可能是这样”来使谈话重回正轨。“提高顾客对商品、服务的兴趣”这一步也是“迎合顾客价值观的行动”。如果能激起顾客新的“意识”，双方的价值观趋于一致就成为可能。

◆ 陷入沉默时的应对方法

确认上述 3 个要点（看法、感情、错误想法）时，大多数情况下顾客自身还未想得很透彻，因此很容易陷入沉默。不仅如此，有时销售员提出一个话题，顾客的反应很平淡，对别的话题也无法给予反馈。这种状况下可以试试以下两种应对方法。

①对方沉默期间，自己也沉默

对于自己的提问，顾客很久都没有回答，因为需要时间考虑。面对这种话不太多的顾客，销售员因为害怕沉默，很容易变得一味单方面地强调，但那样做会打断对方的思考。提出问题后，至少 10 秒钟不要插嘴。

②举出事例

如果 10 秒钟以后，顾客还是沉默的话，那就可以由销售员自己打破沉默。对方还保持沉默，是因为想法还没有归纳整理好。此时作为参考，可以向其介绍事例。

"有这样的顾客，也有那样的顾客，还有这样回答的顾客。贵公司更接近哪个类型？"

类似这样提出几种类型。这样一来，顾客就变得容易回答，“我们公司可能更接近中间那种公司”或者“我们公司和哪个都不像，是这样的”。（不仅要提供成功事例，也要加入失败事例，保持客观性是重点。）

为使说明简单易懂，必须掌握4个要点

◆ 为使顾客能够理解、接受

销售员的销售会谈要求能够进行“简单易懂的说明”。为此，必须要掌握能够让顾客理解、接受的说明方法。

想令你的语言能够准确、切实地传递给顾客，要记住下面 4 个要点。

①保持客观性

销售员容易过分强调自己公司商品的优点，而欠缺客观性、公平性。

顾客希望听到“能够帮助自己做决定的客观的判断材料”，不是销售员的主观意见。“非这样不可”“这个更好”这类有失偏颇的意见，容易引起顾客的反感。

比如，自己公司的商品目录和报纸杂志登载的信息相比，后者的营销公关色彩更淡，更为客观。销售员要保持客观，可以换位思考“自己若是新闻记者会如何采访这个商品，如何报道”，这样更有帮助。

销售员是顾客的“客观信息来源”。进行自己公司的商品说明时，要遮掩自己“想推销”的意图，以客观的立场进行会谈很重要。举例如下：

【主观】这个商品绝对值得推荐！真的很好用！

【客观】89%的顾客认为这款比原来那款商品更好用。

【主观】这个品质是我们公司商品中最好的。绝对不会吃亏。

【客观】耐久测试中证实比其他公司商品耐用性高2.5倍。

②不要罗列信息，要系统地介绍

“系统地”是指“分条目介绍”。将信息整理为几个要点介绍，能帮助顾客理解。

将准备分条目介绍的信息事先写下来，谈话时就能清楚“自己要说什么”，信息能被整理好。而且，对于听的人来说，也容易理解要点，方便做记录。

“下面我们来说一说○○的情况。选择这类商品时不能忽略的要点有 3 个。”

像这样提示顾客“谈话主题”“要点个数”，顾客就更容易判断应在哪部分集中精力去听。

相反的，“这个商品，有○○的特征，除此之外，还有……另外，还搭载了××的功能，而且还能□□，所以很畅销。”这样在一句话里说明所有的要点，对方听起来就很难理解，会产生“到底是什么样的商品呢”的疑问。

相比起来，“我们来说说这个商品的特征。希望您能记住的要点有 3 个：○○、××和□□。”这样介绍的话，顾客更容易理解。将要点整理为几点，用简洁的语言描述是很重要的。

◇ 停止顺向性思考，不断逆推！

③把握并共享对方的时间轴

前文谈到，向处于探讨阶段（第一阶段）的顾客提供信息时，其中要点之一是说明“时间轴”。提出时间轴时，将时间要素进行可视化说明会更容易理解。

不光用口头说明，还可以事先准备好空白的日程表，和顾客一起填写日程。在一整年（有些商品是两年）的日程表中，从“终点（决定购买）”开始倒推日程并将其填写到日程表中，做了这种可视化操作之后，更易于顾客理清自己“到什么时候为止，需要决定什么”（参照P110、P111的日程表）。

对于销售员来说，销售活动的流程可视化之后，可以有计划地持续进行拜访。

顺向性思考的销售员，容易采取“在努力的过程中获得约见；经过努力找到信息；经过努力遇上关键人物；经过努力签下合同”的即兴式销售活动。

与之相比，从终点开始倒推以此决定行动的方式，更容易让顾客和销售看清项目推进方向。

另外，为了让顾客对时间轴有具体意识，进行“假设谈话”很有效。

“假如您要购买（导入）的话，大概会在什么时候呢？”

“假如将这次采买加入预算，日程会有何变化？”

类似这样以提问来设定假设的终点时限。越是重要的事情越是“委婉地问”是销售的铁则。用“假如”这样的假设提问，不会给顾客带来心理压力。

假设问题的最终时间确定后，按截止时间“4 周前提出预算书”“6 周前提出方案”“8 周前完成征询意见”等，根据销售流程逆推，制订假设的顾客日程表。再将日程表共享，

“本月中旬，我来向您征询意见可以吗？”

“2 个月后，向您提出具体的方案可以吗？”

类似这样在自然的流程中推进商谈。另外，事先了解了顾客的日程安排，中途有变更也就可以提前调整。

④制作中期计划

按③的方法从最终时间点逆推建立出日程表后，就可以开始考虑“每次拜访需要达成的目标”。

每次约见的目标不明确，只想“姑且见个面吧”的话，项目就会陷入始终无法向前推进的状态。一直持续没有反馈的拜访，销售员和顾客的积极性都会下降。

设定了“通过这次访问，要取得这样的成果”“采取这个行动”这样的“访问目标”之后，就能够向着终点努力。

	项目	3月	4月	5月	6月
1	购买决定				
2	提出预算书				
3	对关键人物征询意见				
4	提出方案				
5	征询意见				
6					
7					
8					
9					
10					
11					
12					
13					
14					
15					

Point 1

事先准备好空白的日程表，和顾客一起填写“什么时候之前，必须决定什么”。

和顾客共享时间轴，制订中期计划

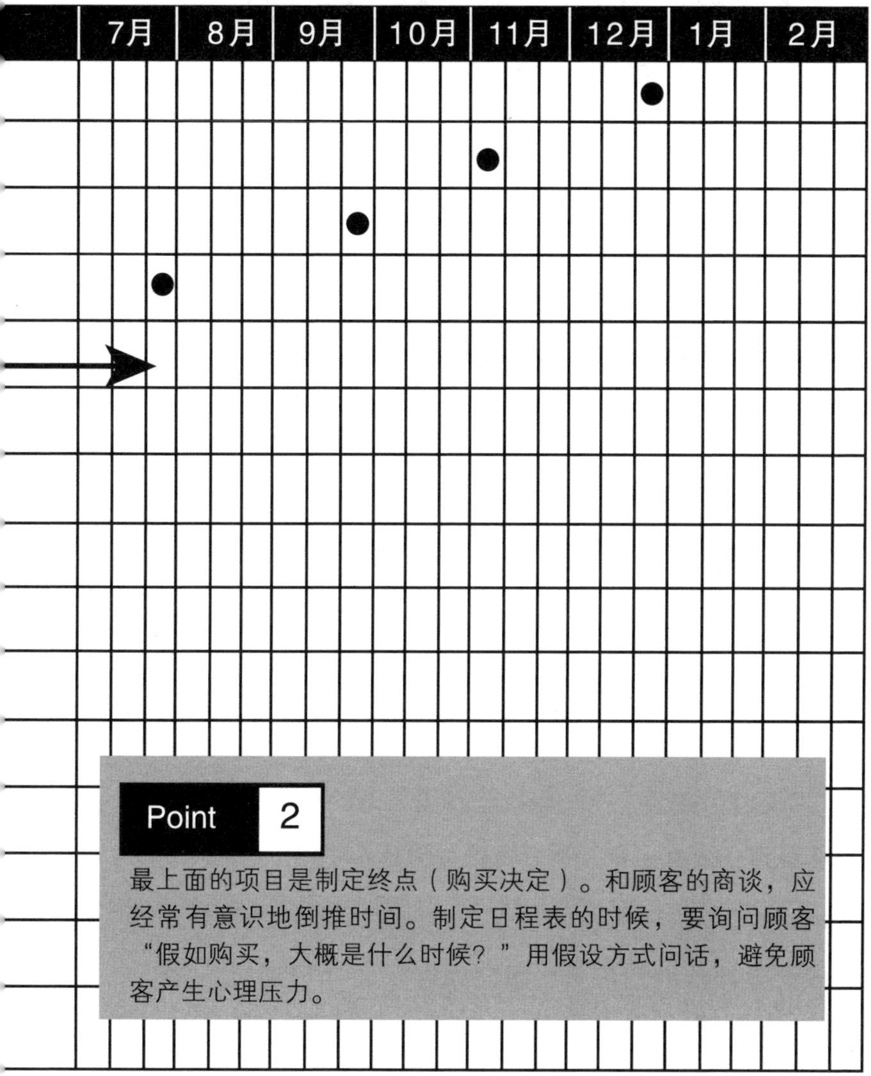

Point 2

最上面的项目是制定终点（购买决定）。和顾客的商谈，应经常有意识地倒推时间。制定日程表的时候，要询问顾客“假如购买，大概是什么时候？”用假设方式问话，避免顾客产生心理压力。

人在接触“新的信息”时会产生“新的判断”

◇ 尼加拉瓜旅游行程，能卖得出去吗?

顾客具有以“过去”和“经验”作为判断依据，决定想要什么东西的倾向。

比如，考虑“去国外旅行”时，作为目的地备选，想到的就会是“自己曾经去过的地方”或“电视、杂志等介绍过的地方”吧?

“没去过的地方”“没见过的地方”“不了解的地方”无法在脑海里留有印象，所以很难成为选项。

假设旅行社的销售员，想向顾客贩卖“尼加拉瓜旅游”的旅行线路。

顾客没有尼加拉瓜的相关经验和信息，对于尼加拉瓜

“是什么样的地方”没有印象，也就无法产生兴趣。所以提供新的信息，让顾客“意识到”自己还有别的选项、别的看法、别的思考方式是先决条件。

尼加拉瓜是中美洲最大的国家。现在马车还被视为国宝，大街上可见牛仔骑着马昂首阔步。东邻加勒比海，海上有岛，作为旅游胜地很受欢迎，且有超过 800 公里的海岸线……

要让人做出“新的判断”，就要提供新的信息或新的切入点，激发意识。不提供新的信息，无论如何推销“尼加拉瓜如何好，是一个好地方”，顾客也不会认可。

提供“新的信息”时，必须要让信息和顾客相关联。

一般性的观点无法打动对方的心。

只提供“今后，法律会这样变更”这样的信息，顾客会认为“哦，这样啊”，认为不关己事一般就一听而过了。

但这样关联地介绍“今后，法律会这样变更。我认为〇〇的行业，3 年后会产生这样的影响”，对方就会认为“和我们公司也有关系”，也就会关注了。

◇ 顶级销售员会本着“目的”提出方案

顾客大部分都想“自己来决定”。但是，那个决定并不一定是正确的。岂止如此，依赖过去或经验做出的决定，往往隐藏着失败的可能性。造成错误的原因之一，是因为没有明确“为什么要那样做”这个根本目的。

不管是企业法人还是个人，都可见到不少将手段和目的混为一谈的例子。

下面就以某公司官方网站的更新为例一起探讨这个问题。

本来，官方网站不过是“手段”。根本目的是，将官方网站作为切入口，旨在吸引顾客或进行公关营销。所以就需要在考虑“为了什么目的去更新”“想要什么样的成果”的基础之上，进行更新。

如果只关注网页“设计有些过时了，差不多该换了”“想要一个更醒目的首页”这样表面的理由，最终目的就会变成“想要一个好看的官方网站”而已。

向能制作好看的官方网站且价格便宜的制作公司下订单，并且得到了满意的设计。但是，不管如何出色的设计，如果无法吸引顾客，那么这个官方网站的更新就是失败的。

因为作为公司，本来应该解决的课题是提高吸引顾客的能力。

所以，不用更新官方网站，通过直投广告邮件（DM）的交流，或是通过免费赠送样品的市场调查都可能会有效果。销售员将“除了官方网站以外还有别的提高吸引顾客能力的方法”作为新信息介绍给顾客，相当于对顾客的自以为是给予了当头一棒，点醒了顾客。比如，可以这样进行提案。

“考虑到这个商品的消费顾客层，与其更换官方网站的设计，举办营销活动效果更好。不仅可以提高品牌认知度，在吸引顾客方面也有显著效果。”

这样，顾客就会感到销售员“教给了我闻所未闻的思考方法”，也就会觉得**“这个销售员掌握了对我有帮助的信息”“这个销售员值得信赖”**。对于需求低的顾客，给予“新的信息”，然后让其意识到“有不同的看法”是有必要的。

灵活运用演示资料征询意见

◆ 演示时，比说明更重要的是“对话”

顶级销售员和普通销售员，对于商品演示的看法是不同的。

普通销售员认为“演示”＝“说明”，是为了说明公司、说明商品、说明技术而制作的资料。

口若悬河地将演示资料读完，却只说明了公司的现状，是非常单调无聊的演示。顾客也会觉得“听了也没什么兴趣”，中途就不想说话了。

而另一方面，顶级销售员则认为“演示”＝“对话”，将演示资料看成是征询意见的工具。

挖掘顾客的感想或意见才是演示的目的。顶级销售员演示资料的特点是，与公司说明、商品说明、技术说明的内容相比，更为具体、更为易懂地展示商品能给顾客带来的好处。

演示资料要“**将顾客想知道的事情，按想知道的先后顺序，尽可能简洁地归纳**”。如果能介绍“作为企业能提供给顾客的价值”，顾客应该会期待“再和这个销售员见一次面也不错”。

为需求低、关系弱的所谓的“第 4 类顾客”做演示时，资料应整理在 10 页以内。另外，不要单方面地读演示资料。

“到目前为止的内容，您有什么问题吗？”

“有不适合贵公司的地方吗？”

“这个提案怎么样？您感觉如何？”

类似这样夹杂着提问，就能使“销售员和顾客共同思考推进项目进展”。

很多销售员为了提高演示的成功率，认为“要将演示资料精益求精”。我们分析了资料演示结果不理想的理由，发现结论几乎都是“不了解顾客”。演示不成功的原因是征询意见不充分，并不是演示资料制作方面的问题。即使重新写演示资料，只要是还认为“演示就是说明商品的机会”，就无法提高成功率。相反的，如果明白了“演示时重要的是，为寻找顾客的课题而进行意见征询”，即使只有文字资料，也能打动对方的心。

◇ 资料要准备1年的量

不光要准备初次拜访的资料，还要将演示资料准备出“每月1个话题×12个月”，这样每个月都能够以“为顾客提供信息”为由得到拜访的机会。

为业绩烦恼的销售员，总是叹息“我们公司没有能在销售活动中使用的武器或杀手锏”。实际上我们手头有各种数据或信息，只是没有整理而已。

如果能这样将信息系统化，整理为演示资料，就可以以此预约下一次的拜访：“下次拜访时我会带来关于○○相关资料”。

演示资料的基本构成

1	封面	有意识地添加能反映出对顾客有好处的标题
2	提出问题	提出顾客所面临的问题
3	提供优点	提出作为企业能提供的价值。能够提出多个优点更好
4	举实例	加入解决了问题的实例，可以提升信用度
5	商品说明	具体地说明商品、服务，促成交易
6	公司概要	介绍自己公司是具有良好技术的公司

↓

Point 1　将顾客想知道的事情、按想知道的顺序，尽可能简洁地归纳。

Point 2　对于需求低、关系弱的顾客，资料整理为10页以内。

顾客提问之前主动告知自己公司商品的“缺点”

◇ 将缺点客观地告知顾客，更容易得到信赖

顾客询问“这个商品的缺点（弊端）是什么”的时候，答复“没有”的销售员，作为商讨对象是不合格的。

因为，不管是什么样的商品都会有些许缺点，不存在完美的商品。答复“没有”的销售员，可以说“没有客观地看待自己公司的商品”，也就会被顾客认为“这个销售员所说的一切都不足信”。

而另一方面，同时谈到优点及缺点的销售员，会被顾客评价为“所说的信息正确，值得信赖”。而且，提供了具体探讨时的要点。可以让顾客意识到“这样啊。探讨的时候，就必须具体地考虑这个方面了”。

即使自己公司在业界的排名比较靠后，或者和竞争对手相比自己公司的商品看起来较为逊色，也不要隐瞒这些

信息，绝不要弄虚作假。对于探讨阶段的顾客，既能提供对自己公司有利的信息，也不隐瞒“自己公司商品的缺点（弊端）”，才会得到信赖。

缺点必须要告知顾客。但是，在感情上妄自菲薄会适得其反。

“啊，我们的商品一启动就会有很大的噪音。那个是最糟糕的。”

类似这样的说法，反而强调了缺点。感情上的自我否定，只是对自己公司或自己公司商品的“坏话”而已。

重点是尽可能排除感情，将缺点“作为事实”告知顾客。

◆“缺点+改善方案”配套介绍

将自己公司或自己公司商品的缺点作为事实告知顾客，之后必须提出后续的“改善方案”。

不配套提供“缺点+改善方案”的信息，对于刚进入“已决定购买，但没想好购买哪个商品”阶段的顾客，很可能会被排除到可选范围之外。

比如，对于“启动噪音很吵”这一点，

“在百元店（日本的百元店，指价格低廉的日用品连锁商店）买那种靠垫放在下面，声音会变小。”

像这样提出“改善方案”，顾客就能知道“假设购买了那个商品，也不会有启动噪音大的烦恼”。

也有的销售员会说“确实是有启动噪音，但是那种程度完全不用在意”，将自己的主观意见强加给顾客，提供无视事实的主观信息，因此无法打动顾客的心。

不要蒙骗顾客，而要将缺点（弊端）公平地告诉顾客，让顾客认可之后再购买，这是销售的大前提。

◆ 购买风险和规避策略也应配套介绍

为了让顾客做出“零失误的决定”，提供必要的、客观的信息，是销售员的职责。

但是，商品是必定存在缺点的，购买商品伴随的风险也肯定不可能为零。即便目前这个时间点没有风险，但由于经济形势变动等原因，将来会产生风险的可能性却很大。

为此**销售员必须毫无隐瞒地事先告知“需要考虑到的风险”**。而且，与缺点和改善方案配套介绍一样，也要配套提供给顾客“风险+规避策略”的相关信息。

“需要考虑这样的风险，对此可以采取这样的对应措施。”

“作为实例，有实施这样的防御策略的顾客，效果很好。”

“风险并不是零。但是，我们可以一起考虑规避策略。”

告知了顾客“可以事先扼杀风险的萌芽”“即使风险产生了，也有替代方案”等信息，即使向顾客说明有风险，也不会成为购买的障碍。

◆ 告知缺点的时机是？

但是，如果在探讨的最初阶段就明确地告之顾客购买风险和商品的缺点，那么购买意欲会立刻下降，很容易使对方倾向于“不购买”。

所以，在顾客“购买也不错”这样的心情膨胀之后（心情上“购买”：“不购买”＝7：3的比例），才可以提出缺点或风险的话题。

虽然顾客中有多疑的人也有并非如此的人，所以无法一概而论，但是一点儿疑虑都没有就购买的人应该不存在。不少人应该会有“真的值得买吗”的黄色预警信号出现。

即便黄色信号灯亮了，也是因为购买欲望高涨后引发的，因此在顾客情绪高涨后提出风险也不迟。

告知自己公司商品缺点的方法

✕ 不介绍。或者隐瞒

会被认为“不能相信这个销售员”

◎ 将事实明确告知

将对应策略和缺点一起介绍

顾客“向上司汇报，在公司内部探讨”时要下点功夫

◇ 有意识地向第三者介绍，将信息分解

在购买探讨阶段产生犹豫的顾客，不会当场决定购买。

面对企业顾客，销售员会遇到负责人要将从销售员处得到的信息“向上司报告，在公司内部探讨”的情况；面对个人顾客，销售员也可能会得到“我要先和家里人商量”的答复。

销售员的信息是需要介绍给顾客之上的第三者的。因此，销售员要基于此，将顾客“易于向上司（家人）汇报”的信息，事先分解并解释说明。

假设一位汽车经销商的销售员向顾客介绍时说：“这种车最大的特征是配备了‘AFS’”，像这样使用了专业术语，顾客不理解“AFS”是什么样的配置，即使准备和家

人商量，也无法向家人说明。所以，销售员不能使用专业术语，而应说：

“该系统在转动方向盘时，会自动配合方向盘角度改变前灯的照射方向。所以即使在夜间也很容易驾驶。”

类似这样简单地说明，顾客就可以将从销售员那儿听来的内容原原本本地传达给家人。这样稍微下点功夫，就能更容易向顾客介绍商品、服务的优点。

谈话中“也就是说”“总之”这样频繁转换副词的人，会有频繁使用专业术语的倾向。因为专业术语无法准确传达给对方，所以需要更换别的表达方式。

频繁使用“也就是说”“总之”时，表示销售员所说的“内容没有传达给对方”。这类口头禅自己会很难察觉，可以向家人、同事、朋友确认一下。

◆ 谈话的最后，将会谈内容“再整理”

不使用专业术语的谈话，不管怎样精简都会令谈话变得很长。话越长信息越不容易理解，所以应注意“像设置语言一样说话”。一个一个词汇认真地、慢慢地说，便于对方理解。

另外，谈话的最后需要“总结”或“确认不明确之处”，加深顾客的理解。

“跟您说了很多，但归纳起来的话，要点就是这个。”(总结)

“回到公司向上司汇报时，有不好说明的条目吗？”(确认不明确之处)

类似这样再次整理会谈的内容，顾客也更容易将这些信息作为讨论资料带回去。

不使用专业术语、简单易懂地介绍

✕ 全用专业术语交谈

◎ 将信息解体，简单易懂地介绍

销售员的信息是需要向顾客之外的第三者（上司、家人）介绍的。

初次打电话切记不要提出约见

◆ 提高电话推销成功率的方法

不擅长电话销售（电话推销）的人有很多。

过去，有用胶带将话筒和业务员的手绑在一起以坚持贯彻电话销售的公司。我虽然没有到那个地步，但也有过一天打100~200个电话推销的经历。

当然，被拒绝的次数很多，但也没有感到特别痛苦。因为我更关注“如何做才能提高成功率”“要如何将电话推销体系化”。即使被拒绝了我也不会特别气馁，而是会一直思考“如何改善才能出成果”。

比如，给100个公司打电话，其中成功地向10个公司发送了资料。但是，仅仅发送了资料，无法保证后续能跟进。我决定对发送了资料的10个公司继续跟进。定期寄送类似“○月×日会召开关于□□的峰会”的“对顾客有利的信息”。

这样一来，10 个公司中开始有向我咨询的，我也提升了销售额。

◇ 并不是预约，而是有意识地提供信息

“不要想仅靠打一次电话就能获得约见”是我的一贯主张。

“打一次电话就提出见面的顾客”，可以说是“需求高，真心想买的”（第 1 类顾客、第 2 类顾客），或者是“真的很有空闲的人”，这两者中之一的可能性很高。

仅仅关注“真心想买的人”，只能期待碰运气。那么，本来成功率就很低的电话销售成功的概率就更低了。

电话销售是针对“需求低的人”（第 3、第 4 类顾客）而进行的。为此，相比“获得约见”，应该更以“提供信息”“提出好处”的立场继续跟进。

“我有个将成本削减了 10% 的同行业的实例，今天打电话是为了向您介绍这个例子。”

像这样，即使是初次取得联系的对象，也要准备好向其提出项目优点。除成本以外，还可准备如“和商品开发相关的系统购买案例”等若干个不同视角的优点，这样就能够向对方介绍本公司“主要擅长什么”。

“不，我们公司对于成本削减并不是那么关心，就不需要这个了。”

假设被顾客这样拒绝了，

“明白了。那么，请让我把资料发送给您。能告诉我您的部门和名字吗?”

可以这样应答，然后发送资料（为了继续跟进，必须弄清楚对方的“部门和姓名”）。

◆ 电话跟进的基本和实践

不要发送完资料就放任不管，可以找机会跟进。过了3个月以上被忘记的概率会变高，所以要一个季度（3个月）跟进一次。

“前段时间，给您发送了展示会的简介，如果方便的话，我想去拜访您。另外，现在贵公司的状况怎么样？上次与您电话联系时说‘不关心成本的削减’……”

介绍了商品优点之后，“询问顾客的情况”是要点。

“贵公司的状况怎么样？”

“目前怎么样，还没有导入这款设备吧？”

“我拜访过您的同行，他们提出了这样的意见，贵公司是如何考虑的？”

类似这样电话推销，与其提出“想拜访您，请问能给我点时间吗”“想直接和您面谈，能给我时间吗”这样联系约见，不如多费心思关注对方的情况“情况如何”“上次您这么说，现在怎么样了”。然后，在顾客对自己（自己公司）的认知度变高之后，

“我想把对〇〇有用的信息带去给您，您方便吗？”

“差不多该去和您面谈了吧。”

这样预约面谈。

想要跟进的话，无论如何都需要花费时间，可能无法立刻就和顾客见面。

但，与关注“第 1 类顾客”“第 2 类顾客”的狩猎型电话销售相比，从结论上讲，这种方式才能强化与顾客的关系。

与获得约见相比，电话销售更需要有意识地提供信息

✕ 将获取约见看作最重要

碰运气的方法，效率最低

◎ 有意识地考虑对顾客的好处并提供信息

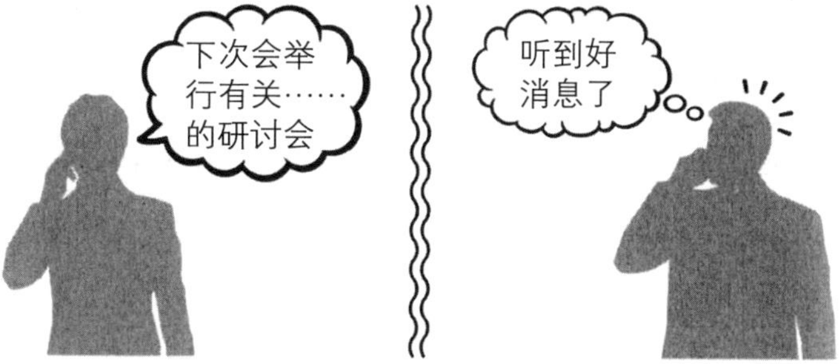

持续提供信息，必定能够构筑良好的关系

电话被突然挂断之后的心理调整法

◆ 在电话中征询意见，相当于1次约见

有的销售员认为电话销售活动应“尽可能简短地结束”，而我的看法却完全相反。

我认为“在电话中征询意见，相当于1次约见”，我确信“值得花费时间好好地征询意见”。

面对面的会谈，成本很高，其实是无效率的销售活动。算上出行的通行时间，一天马不停蹄也不过只能访问四五个公司而已。

而在电话中征询意见，一天收集二三十个公司的信息也是可能的。**约见可以根据顾客的情况或需求的高低来调整和应对，“有必要去的时候，有必要去的地方”就去拜访，单方面的拜访则没有必要。**

对顾客的电话销售，即使没效率也没有关系。不过，

从切断一通电话到拨打下一通电话的时间间隔应该缩短。

假设电话销售时被对方“咔嚓”挂断了，就觉得很郁闷，那么拨打下一通电话时的心情也变差了。即使被咔擦挂断，“能否立刻拨打下一通电话”，会在很大程度上左右电话销售的成果。

电话销售是心理性的工作。电话中被对方草率地对待，谁都会心情低落。所以，我将电话销售看成是“小型的挑战机会”“假设、验证的地方”。

比如，拨打 100 个电话，100 次都是相同的说辞，那么成果是不会变化的，“换个说法试试会如何”“改变语调试试会如何”“改变语速试试会如何”，每一次都是一个小型挑战。

先建立这样的假设：“不让对方说话，立刻持续不断地说话会被挂断。那么，慢慢地说也许更好”，然后下次就试试看。如果你建立的假设正确的话，就会知道“比起滔滔不绝地说话，断断续续地说也可以，所以慢慢地说更容易将信息传达给对方”，并为自己的成果感到喜悦，也就保证了工作的积极性。

顶级销售员所具备的3大能力

1 引导需求的能力

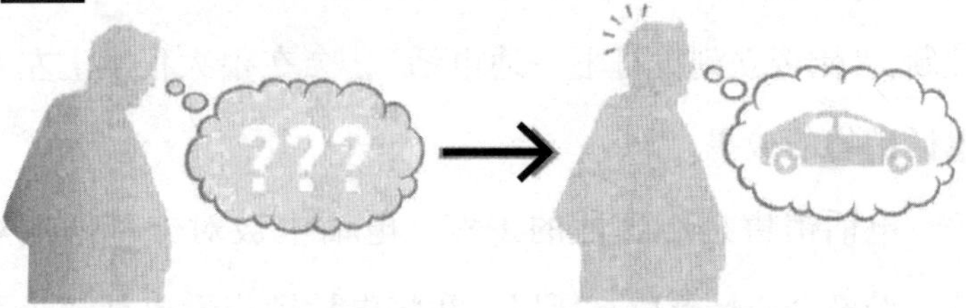

2 提高顾客对商品、服务兴趣的能力

3 介绍“选择方法“的能力

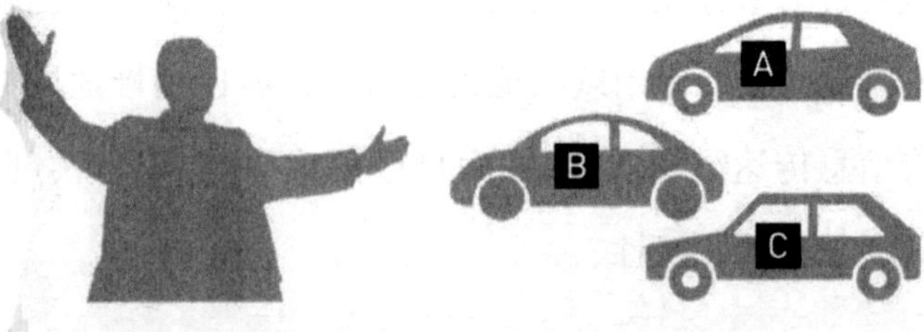

第3章

让顾客不知不觉产生购买欲的『最后一推』

——介绍『选择方法』

看清顾客“现在所处的需求阶段”

◇ 看清能将需求培养到什么程度

第 1 章、第 2 章分别讲述了“引导需求”“提高顾客对商品、服务的兴趣”的方法。在第 3 章将讲述如何向顾客“介绍‘选择方法’”，这是本书最后要说明的部分。

首先想告诉大家的是“即使顾客产生了需求，也不一定会立刻购买”。需求呈阶段性地成长。我认为从“需求产生→购买”为止，可以分为 5 个阶段。

第 1 阶段：需求产生的瞬间

“啊，这个是什么，很好啊”“好想要这样的啊”等感觉萌芽。

第 2 阶段：需求的增长

需求变高，一点点在增长。

• **第 3 阶段：决定购买或放弃**

这是对于想要的商品，思考“购买，还是不购买”即“掏钱，还是不掏钱”的探讨阶段。决定“不购买”的那一刻，顾客需求就消失了。为了不让需求完全泯灭，且让其继续增长到决定“购买”，就需要激发顾客的需求意识（介绍商品的选择方法或商品间的差异等）。

• **第 4 阶段：比较探讨**

决定“购买”后，进入“购买哪个”“在哪儿购买”的比较探讨阶段。

• **第 5 阶段：最终决定**

决定“这个商品，这个时期，在这儿购买”之后，进入“这个决定真的没错吧”“后续支付是否可能”等最终的确认阶段。

前文在介绍“引导需求”“提高顾客对商品、服务的兴趣”的方法中已经涉及的可以说主要是第 1~2 阶段。而当顾客需求变高时，需要从专业的角度来介绍“购买什么样的更好”“选择哪个商品更好”等的判断基准，也就是“对顾客来说最好的选择”，引导其购买。

顾客的需求（想购买的心情）是阶段性增长的。
作为销售员需要注意的是，看清顾客的需求“现在处于哪个阶段”。第3章“介绍‘选择方法’”的内容，主要是对处于第3~5阶段的顾客行之有效的方法。

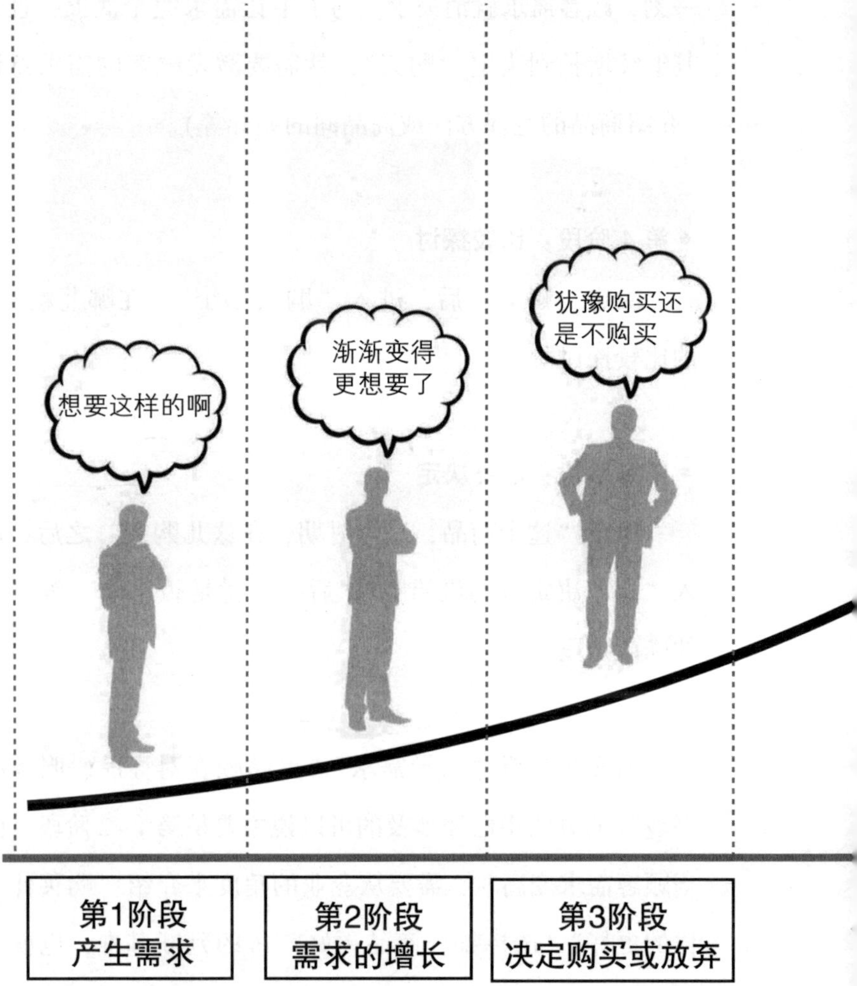

需求分5个阶段。应看清“现在处于哪个阶段”

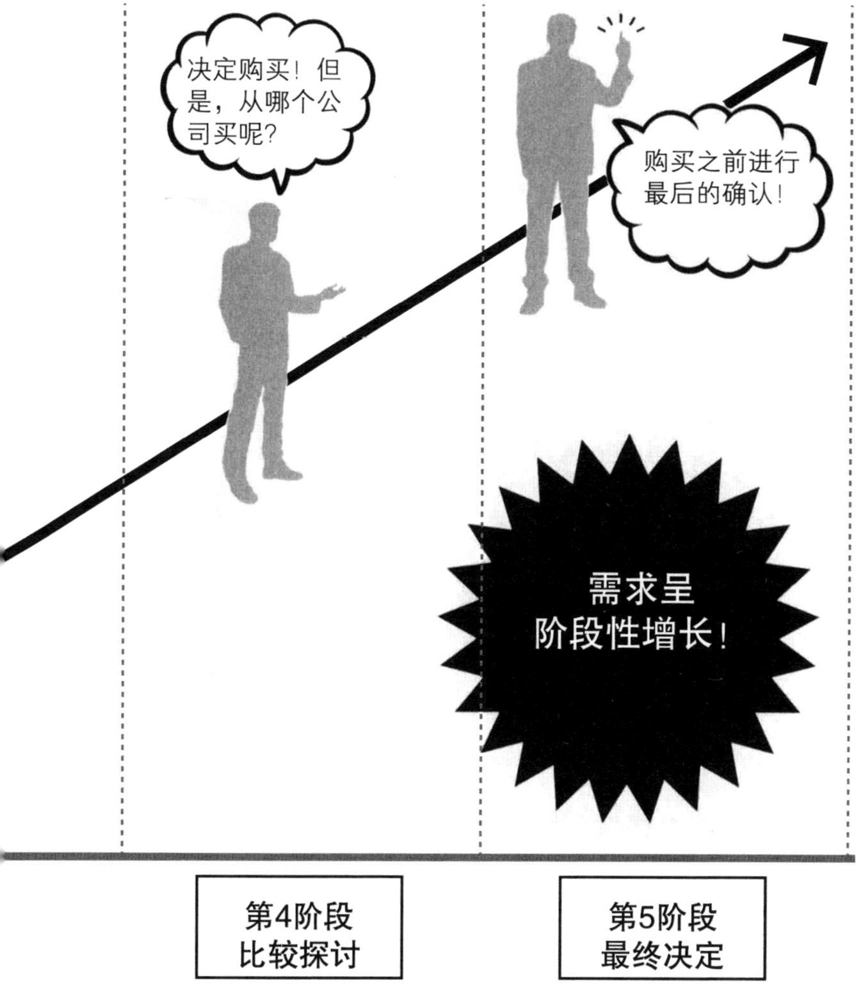

告知“差异”，顾客就会选择

◇ 从两个视角介绍竞争对手信息

前文提到了“为需求高涨的顾客介绍选择方法”，其中最重要的是“告知和竞争对手的‘差异’”这一视角。

“告知商品差异”是指，为不想做出错误决定的顾客“提供有助于选择的信息”。除了比较几种备选商品的规格，还要对商品或服务的特性、购买后的价值等进行综合性比较，告知顾客“自己公司的商品和其他公司相比有什么不同和更优秀的地方”。参与比较的竞争对手，有“直接竞争对手”和“间接竞争对手”两种类型，告知顾客和自己公司相比的差异时这两者都需要做比较。

- 直接竞争对手：同行。提供类似商品或服务的竞争对手
(例如) A公司的新建公寓楼盘和B公司的新建公寓楼盘

就是直接竞争。

- 间接竞争对手：商品、服务虽然不同，但能够解决相同问题的竞争对手

(例如) A 公司的新建公寓楼盘和 C 公司的二手别墅住宅以及出租公寓是间接竞争对手。

◇ 切忌只关注“商品说明”

说到“差异”，很容易让人只关注商品本身特性的差异。但其实还包括购买后的维护费用及资产价值等，因此要明确商品间的“综合性差异”。

比如，向顾客提出“应该着眼于购买后的资产价值”的方案，“选择 A 公司的资产价值是 100 万日元，选择 B 公司是 80 万日元，而选择 C 公司则是 0 日元”这样明确地给出选项，就能传递出“差异”。

假如即使在商品本身实力方面能够与竞争对手拉开差距，但售后服务方面却有不完备的地方，那么很快顾客还是会流失的。要比较价格、品质、商品说明、售后服务、品牌力等各种要素，要本着**“在综合评价（整体）上被顾客看好”**为出发点。

让商品特征一目了然的“客观比较法”

◆ 不是推销，而是能让顾客自己判断的工具

说明“差异”时，将各个公司商品的差异按照类别、类型进行整理，顾客会更容易比较。

我曾经在ISO审查机关做过销售。ISO是将工业生产规格进行国际标准化的机构。当时，审查机关的数量最多时达58个，顾客需要从中决定利用哪家审查机关，而各公司的差异很不明显，选择哪个审查机关更好，令顾客犹豫不决。

那种情况下，只要将各个公司具有什么样的特征按照条目整理、分类，差异就能一目了然。

比如，在将58个公司分类为地域紧密型、业界紧密型、全方位型3个类别的基础之上，再按照具体条目比较，就可以将“从专业角度考虑需要确认这些方面”的要

点客观地提供给顾客。

类别可以按照自己的喜好来分类。但是，应站在如果“自己是选择方的话，要如何分类才能更有帮助”的角度去考虑。最好分为2个类别，最多不超过4个类别（类别再多的话，差异性会更难分辨）。

“58个公司，大致可以分为4个类别。我们公司是这个类别。我不是说哪个类别好哪个类别不好，而是向您提供能说明‘哪个类别更适合贵公司’的判断依据。”

用这样的手法就能为顾客提供比较探讨阶段的新材料。我将这种手法称之为“客观比较法”。

- 客观比较法

从类别和条目的这两个方面比较各个公司特征的方法。这种能完全客观且公平地比较（提供信息）的手法，并不是为了自己公司的推销，而是为了顾客能够做出正确判断。

客观比较法，专注于“简单易懂地说明差异”。如果销售员说“我们公司的商品这个地方很优秀，请一定考虑我们公司”的话，对方就会觉得是推销，会与之拉开距离。如果不想那样，只是作为事实呈现给顾客，可以这样进行提案：

“比较这些条目，更容易找出适合贵公司的商品。”

用客观比较法销售，需要勇气。因为这需要在比较包括想隐藏的信息（缺点或风险等）在内的所有信息，之后“提议对方选择自己”。

明知道有“顾客比较之后，可能会选择其他竞争对手”的风险，仍“帮助顾客进行最好的选择”，对销售员来说是很可怕的。

但是，对于现今这种销售未必都能取得成果的时代来说，即使自己公司没有被选中，坚守作为对顾客有贡献的商讨对象的立场也是很重要的。

使用客观比较法的资料示例

①类别

1	○○省的销售业绩NO.1	全国规模的展开
2	在○○省具有压倒性的知名度（百年老品牌）	东京、大阪、名古屋是重点地域
3	以扎实的当地人脉为武器	压倒性的信息力是武器
4	有稳定的现金流	危机时刻的援助
5	售后服务很完善	严守工作手册的服务标准
6	广告不花钱（费用便宜）	通过电话广告提升知名度
7	专门销售员的配置	根据业务内容进行分工

②条目

从①类别和②条目这两个视角比较公司、服务（商品）

客观比较法的灵活运用：“突出自己公司的优势”

◇ 客观地介绍优势，不强加

业绩不好的销售员总是自以为是地认为“对方也和自己有相同的价值观”，有将自己的意见强加给他人的倾向。

对于销售员单方面给出的提案，我称之为“咖喱谈话”。不去了解顾客“在何时想吃什么”，就替人决定“您现在想吃咖喱吧”。而顾客其实“与咖喱相比，更想吃拉面”，这样的情况下即使硬是推荐了咖喱，顾客也不一定想吃。

这样的咖喱谈话，确实可以说是“销售员的主观意愿的强加”。另一方面，前文也谈到了客观比较法，可以说“客观地说明与竞争对手的差异（自己公司的优势）”。

下面进一步阐述客观比较法的具体运用。

◆ 战略性推荐“自己公司的优势”

在客观比较法中，如何设置比较条目是重点。

比如，软件公司可以设置“某功能的有无”“处理速度”“价格”“售后服务期限”“售后服务范围”等条目，可输入定量数据，或者通过“✓”“×”进行评价。

商品特性、价格（初期费用和维护费用）、实际使用场景、使用便利性、使用难度、购买后的价值等各个条目都可以进行比较。

比较条目的数量，以 10 个为宜。设定条目时需要考虑“按什么顺序，让顾客看哪些差异”。不能对自己公司商品有明显地推荐，在展示自己公司优越性的同时，也要按照顾客的价值观考虑条目。

如果设置了能够让顾客感受到自己公司优势的条目，就不用特意说“我们公司的商品很好”，客观的事实更能体现自己公司商品的优势。

条目中也会有“自己公司比较劣势的地方”，那也需要诚实地展示。但是，可以口头补充说明劣势的理由，也可以换一个表达方式，千万不要忘记给出改善策略。

假如与其他公司相比初期费用高，可以像下面那样进行说明，也就不会留下负面印象。

“与初期费用相比，维护费用就会很便宜，使用 3 年会更便宜。”

另外，也可以将自己公司的缺点换一个说法，这样可以消除顾客的不安。比如，自己公司和竞争对手的“售后服务”相比较时，自己公司的售后服务网点少。

只给出售后服务网点少的信息，顾客会产生“售后服务网点少，很难得到满意的售后服务”的不安。为此，对于自己公司存在劣势的条目，在表达方式上要花费心思，将缺点变优势。

转换表达方式的例子：

●自己公司：会在 24 小时以内快速处理

●竞争对手：服务网点的网络式应对

类似这样表达，“竞争对手虽然售后服务网点数量多，但相对的，其处理方式也是网络式的，应变性差”。而另一方面，“自己公司虽然售后服务网点少，但是努力提高应对速度，应变性好”。可以这样将弱点转换为优势来介绍。当然，不能夸大，不能说谎。

长篇大论地说明，顾客很容易厌烦，“必不可少的条目”“自己公司的薄弱环节会被暴露的条目”等所有条目的选择从优先性高的前 3 位开始说明也就足够了。

下一页的图表将会介绍使用客观比较法时，资料具体制作方法的 5 个步骤。根据行业、业态不同思考方法也不同，读者可按照这 5 个步骤试着制作如 P149 所示表格。

Step 1	展示自己公司的强项	
Step 2	整理顾客可以考虑的竞争对手信息	
Step 3	将竞争对手进行分类	
Step 4	比较自己公司的强项，寻找优势	
Step 5	思考能让自己公司的优点突出的表达方式	

使用客观比较法的资料制作方法

→ 推荐、突出自己公司、商品（服务）的强项。有意识地联系对顾客来说的优点，而不是自己公司的。价格、性能自不必说，还要从自己公司的业绩、构架等，突出各个方面的“强项”

→ 整理顾客可以考虑的直接竞争和间接竞争对手。直接竞争对手也就是指所谓的同行。比如，麦当劳——乐天利（Lotteria）。间接竞争对手即，麦当劳——吉野家、星巴克等，虽然经营业种不同，但同属“饮食”的大行业，所以是竞争对手

→ 将Step2整理好的竞争对手进行分类。比如，和竞争对手相比自己公司具有“地域紧密型展开服务”的优势，就可以分为“地域紧密型”和“全国展开型”。通过2或4个类别，将自己公司和竞争对手进行分类

→ “和竞争对手相比，所有条目自己公司都更优秀”这种情况不会存在。将Step1中突出的“强项”与竞争对手相比，有可能自己公司的强项仍是优势，但也有可能比较之后不再是优势

→ 会有能够直接表现出自己公司优势的条目，也必定会有显示“自己公司劣势”的条目。无论哪种条目，都要考虑如何凸显自己公司的优点。比如，商品、服务的综合实力弱，可以改变表达方式“○○是专业级别的”，将劣势变为优势

一起思考“不会失败的选择方法”

◇ 和顾客共享“失败的定义”

人都会有“自己来决定”的欲望，另一方面又会抱有“失败了怎么办”的不安。

所以，“独断专行”的人很少，

“谁能替我出主意帮我决定。”

“在最终决定前，谁能帮帮我。”

这样想的人很多。

前文已经说过：销售员是“顾客的知识来源=商量对象”。和顾客一起谈话，应该帮助顾客得出结论。

要和顾客一起最终做决定，“和顾客共享失败的定义”是不可或缺的。**如果不理解“什么样的情况，顾客会认为**

是失败了”，就无法使提出的方案正中目标。

是“就想买到最便宜的。哪怕高 1 日元都是失败”，还是“初期费用不够低廉的话就是失败”，或是“没有满足上司的要求就是失败”？顾客所认为的失败是各种各样的。

向顾客提出“如果要您列举 3 个最想要避免的事情，是什么”的问题，确认顾客所认为的失败的定义。

◆ 对方决定“购买”之前耐心等待交易

确认顾客对失败的定义还有其他好处。

那就是“更容易把握交易的时机”。

即使顾客的需求明显高涨，但如果“顾客认为的失败（风险）”没有解除的话，就不能进行推销。

可以进行推销的时机是顾客“自己确定答案之后”。“我们比较探讨的结果是，认为符合自己公司价值观的是贵公司的商品”，如此，顾客的积极态度明确之后，再进行交易。

如果犹豫不决，

“也有这样的看法，您觉得如何？”

“与贵公司的风格最相符的类型是哪个？”

类似这样进行提问，挖掘对方的想法和价值观。然后最终引导顾客自己说出“贵公司的商品最适合”。

顾客是在得出“就决定买这个商品”“这个决定不会失败”这样的结论以后做出的发言，所以同意之后就可以进入购买的流程。

和顾客共享“失败的定义”

共享顾客所认为的失败或不安

共同为最终决定进行思考的流程会更好地加深关系

如果顾客对于购买出现犹豫，就要重新征询意见

◆ 即使顾客说“No”也不要焦虑

即使顾客已通过客观比较法比较了各个公司、各个商品，也不一定就会立刻决定购买。

“我知道贵公司的商品很好，但是……”

“我知道商品之间的差异，但是……”

会有像这样犹豫不决的顾客。即使10个条目中有9个都能接受，但只要有1个不满意的条目，顾客也不会行动。下决定之前的流程中即使只有一个障碍，顾客也会从头开始重新考虑。

这对销售员来说是一个分岔路口。在犹豫的顾客面前，是“进行交易的最后助推”，还是“再次征询意见”，

选择不同，结果也会不同。顾客犹豫的时候，不应该进行最后阶段的推销。越是这样的时候，越应该询问一句：“您现在比较在意的是哪个方面？”

类似这样再次确认顾客犹豫的理由很重要。这样的话，

“我知道这是非常好的商品，但不知道能否从公司拿到预算。”

“不，我自己很满意，但我妻子好像有意见。”

“感觉购买时机有些不对。”

“考虑到导入后要费力，有些担心。”

类似这样引导出顾客“我知道是很好，但是……”的语言背后的心声。如果对方已经没有了购买的意愿，就应该修改并再次给出不购买的风险的相关信息。如果是“虽然想购买，但买哪个很犹豫”，就必须再一次提供商品的“差异”。

追问出对方无法决定的理由在哪个方面后，就有必要重回那个阶段再次进行说明。

◇ 顾客“不购买的理由”有3大类

不购买的理由可以分为：①不想买、②不买、③不能买。

①不想买：相比理性而言更主要是感性方面的理由。这时应投入感情让其产生共鸣，同时弄清对方心里的疑惑。
②不买：顾客进行有条理地探讨之后结果还是决定“不购买”，就要验证其决定“不购买”的根据是否正确。
③不能买：资金无法周转等客观理由。这时可提出替代方案，并在从别的角度提出方案的同时，探寻理由。

另外，即使项目负责人说“不想买”“不能买”，有时候也可能关键人物并不是那样考虑的，这时就需要根据不同的对象所说的话选择不同的接触方式。不管是什么情况，都可以通过征询意见来找出“不购买的理由”。建立“您应该是这样考虑的吧”的假设，然后征求意见“也可以这样，您觉得如何”。

“在这个阶段，会有人有这样的意见。您觉得怎么样?”

“这个阶段确实容易有这种感想，您怎么样?”

“我决定购买的时候，也有过和您一样的想法……”

“不仅仅是您，大家都有相同的看法。”

这样举出具体的例子，征求“烦恼的理由”“不购买的理由”。

重新提问时，告知对方“顾客在这个阶段烦恼也难怪”“不管是什么样的顾客，都会有相同的不安”，引起共鸣是重点。

通过客观比较法探讨之后，顾客却说“毕竟对于我们公司来说，和贵公司的商品相比，还是○○公司的更合适”的时候，有可能是自己公司提供的价值没有很好地传递给顾客，所以，还是有必要再一次说明“差异”。

另外，如果进行了客观的比较之后，发现“自己公司所具有的资源，无法满足顾客需求的价值”，

“那么，我给您介绍这个类别代表型企业。”

“这次我们公司没有帮到您，以后有合作机会请您一定联系我们。”

这样退一步也是一种策略。如果在此之后还继续推

销，会带给顾客强烈的不信任感。而在这个时候收手的话，顾客会说“这次不合适，以后有什么还可以再商量”，销售员就得到了信赖。

◆ 客观比较法也有弱点

客观比较法，顾名思义是“提供客观的信息进行比较的手法”，有可能往往都是一些普遍看法。对顾客来说，需要将这些信息和自己（自己公司）相关联起来理解。因此销售员应对照比较表，向顾客确认一遍以下问题：“对××来说，有什么影响”“什么地方优点最明显”，将普遍看法和顾客的现状联系起来。这样，顾客也能将之作为“自己的事情”来考虑。

另外，顾客中会有人感到“目标太高了”“如果能那样的话很好，但我们够呛”“最终能够实现固然很好，但要等到什么时候？”这样考虑之余，无法作为自己的事情认真考虑的人也很多。顾客如果在某些地方觉得事不关己、漠然地看待信息，销售员对此可以提出这样的问题：

“和您的现状相比如何?”

“以往的配置和这次的相比，最大的差别是什么?”

然后，就能明确现实和目标（理想）之间的差距，令顾客产生“没有我想象的那么难”“理想感觉很遥远，但实际上并不是那样”“梦想未必不会实现”这样的意识很重要。

进行了以“比较购买”为前提的谈话吗?

◆ 了解顾客“比较的重点”

当今时代，人们“不想花冤枉钱”的意识很强烈。

无论是企业还是个人，对于购买都很慎重，都想选择对自己公司（自己）来说最适合的东西。为此，购买商品时都以“先比较后购买”为前提。

购买商品或服务之前“企业中有 9 成，个人中有 8 成”都会进行多款商品的比较探讨（该数据来自本公司调查：企业顾客 300 家，个人顾客 300 名的问卷调查）。

人们不再像以前那样“去附近方便的店铺，购买在店铺中陈列的商品”，而是在比较探讨了各种条件之后，再决定购买地点和商品。

销售员在说明商品信息之前，必须掌握顾客“选择购买地点时的要点”(顾客比较的重点)。不管商品规格参数是多么的优秀，如果不了解顾客比较的重点就进行销售，就无法提出中标的方案。

假设，正在探讨购买公寓房的顾客会通过比较“面积大小”来选择。如果不了解这一点，而是说“我们公司的公寓配备有最先进的防震装置，即使是震级 6 级以上的地震也可以放心”这样来推销防震性能以说明商品的话，那么顾客是不会有反应的。只要顾客的比较重点是面积大小，那么只强调防震性能就绝非上策。

假如，自己公司的公寓和其他公司相比在面积方面处于劣势，则销售员应该告诉顾客“还有面积以外的其他选择方法”“只局限于面积的比较，是不对的”。

“除面积以外，您试试从房间格局、资产价值、装修程度、防震性能等多个要素进行比较如何？我们公司的公寓虽然在面积方面屈居人后，但请结合房间格局及资产价值进行探讨”。

顾客的比较重点，不一定都是自己公司的优点。所以，不要局限于商品规格，而是整体地突出自己公司的优势，证明自身综合性顾客价值优于其他公司。

绝不能对探讨阶段的顾客做的事

◇ 无法让顾客产生共鸣的“商品特性”

对于需求高涨，正犹豫“购买，还是不购买”的顾客，有的销售员会考虑“嗯，就趁现在谈这个商品多么优秀”。但是，这有些草率。处于探讨阶段的顾客，对商品差异的体会还不是规格方面的，而是在印象方面，对于“品质方面的差异”尚不感兴趣。理由有 3 个。

①产品说明太过复杂弄不明白

市场成熟化之后，商品自身变得复杂且多样化。即使说“这个洗发露添加了‘椰油酰两性基乙酸钠’‘椰油酰基谷氨酸 TEA’‘月桂酰天冬氨酸钠’，对头发很温和”，也因为成分太多样化，无法令顾客理解。

②有些观点先入为主

顾客对商品或企业形象有些观点已经先入为主。“和国外商品相比，日本商品更耐用”。对有这样先入为主观念的顾客，即使说明了“这个国外商品很耐用”，也无法立刻得到顾客的认可。

③没有使用经验，无法形成印象

人是感情的动物。即使懂得了理论和知识，实际上不使用的话，也是无法认可的。没有用过智能手机的人，即使说明“这个智能手机具有滑动输入功能，所以只需要在触摸屏上滑动手指就能输入”，顾客也无法想象“自己使用的场景”。

“这个智能手机，具有其他手机没有的功能。所以，我们的智能手机是最好的。”这样推销商品的话，就偏离了消费者的心理。

在顾客犹豫是否购买的阶段，强调商品特性的销售方式是没有好处的。顾客对商品的概念很模糊，要想唤起其“想买”“想要”的意愿，只有客观地介绍自己商品与其他公司之间的差异才是有效的。

第4章 将好顾客变为『最佳顾客』的销售技巧

一举增进顾客的信任！重点是“投入感情”

◇ 1000个顶级销售员的共通点是？

在前面的章节里，从各个视角对“顶级销售员所具备的3大能力”进行了详述。只要将这3大能力融会贯通，坚持不懈地进行销售活动，必定会创造优秀业绩。第4章的内容，将作为这3大能力的附加要素，详述深化和顾客的关系的方法及思考方式。

我以1000个顶级销售员作为调查对象，针对“如何看待顾客”和“与顾客的接触方式”进行意见征询，结果得知：他们具备共通的成功要素是“投入感情的能力非常强”。

关于投入感情，我是这样定义的：

- 投入感情

感受、理解个人的处境、立场、感情、动机的能力。

也可以说是自己站在对方的立场，感同身受的能力。

顶级销售员是一边假想“自己如果站在对方的立场，会怎样考虑”，一边推进项目的。

另一方面，业绩不好的销售员，投入感情的能力不足。与顾客的立场相比，总是优先考虑自己的立场，无法与顾客共享顾客的处境或顾客的感情。和自己的商品销售相关的信息会听进去，其他的信息即使听了也会很快忘在脑后。

能够投入感情的销售员，能关注和商谈没有直接关系的事情。

“这个人，作为生意人未来发展前景如何？”

“这个人这么直率的原因是什么？”

“他是如何看待上司的？”

“他在公司内部地位如何？”

回顾我自身的销售经历，投入感情的关键是理解。

理科出身且曾经讨厌销售的我，完全无法理解顾客（经营者）的策略。那种感觉就像是被和自己完全相反的思维模式不停折磨。

后来，我试着整理分析“顾客是如何考虑的”。比如属于哪种类型，提了什么问题，优先顺序如何，以什么为基准判断，决策的速度快吗……

分别给每位经营者（顾客）做记录，就像是做生物学研究一般对他们进行分类。其结果就是我在理解了经营者（顾客）的价值观之后，转而能够采取“合乎对方心意的行动”。变成不以自我本位，而以对方本位的模式推进项目之后，我开始逐渐提高了销售业绩。

◆“投入感情”和“解读感情”是不同的

我认为，销售员是激发顾客潜在意识的“商量对象”。顾客所需要的，不是单纯的从业者，而是“能经常一起商量的人”“能给自己建议的人”“能提供有用信息的人”。

那么，顾客以什么角度来选择商量对象呢？顾客选择商量对象的要点，有以下两个。

①对行业非常了解的人（业内的专业人士）

知识、经验丰富，对业界非常了解，能给自己不知道的信息的人。

②对自己的情况非常了解的人

对公司（自己）的情况或价值观理解、有共鸣，能够提供方案的人。

这两大要点都非常重要。具有专业的知识，但没有能和对方产生共鸣（投入感情）的能力，充其量只能强加知识给顾客而已。站在对方的立场来看待事情，并不是件简单的事情。

假设顾客是总务部的购买负责人。如果销售员没有购买部门的实际工作经验，就无法理解“购买负责人的工作内容如何”“以什么角度来看待销售员”。即便如此，不断努力迎合对方的价值观也是很重要的。

仅仅只观察到对方的心情，看出“这个人有这样的想法”，是无法投入感情的。

这只是“解读对方的感情”，只在这种程度上下功夫的销售员很多。投入感情是指理解对方的处境、立场、感受，推测“接下来会如何行动”，然后先发制人地进行应对。

投入感情、能够产生“自己处于这样的立场时，会这样考虑，会这样行动”共鸣的销售员，与不投入感情、仅仅选择“对自己来说有用的信息”的销售员相比，明显前者能够提高和顾客关系的密切度。借此机会，强调自己理解了对方的立场。

“以您的立场，有从这样的角度探讨的情况吗?”

“公司内部探讨时，这样的数据很有必要吧?”

用类似这样的语言来强调“我是理解您的处境的”，极其有效。要想被顾客认可为“可以相商的对象”，需要先令顾客认为“这个人能理解我的情况”。为此，在投入感情的基础之上通过征询意见来了解顾客的处境、立场、感情是有必要的。

一举深化顾客信任的“投入感情”

投入感情是指…… 自己站在顾客的立场，共享感受。

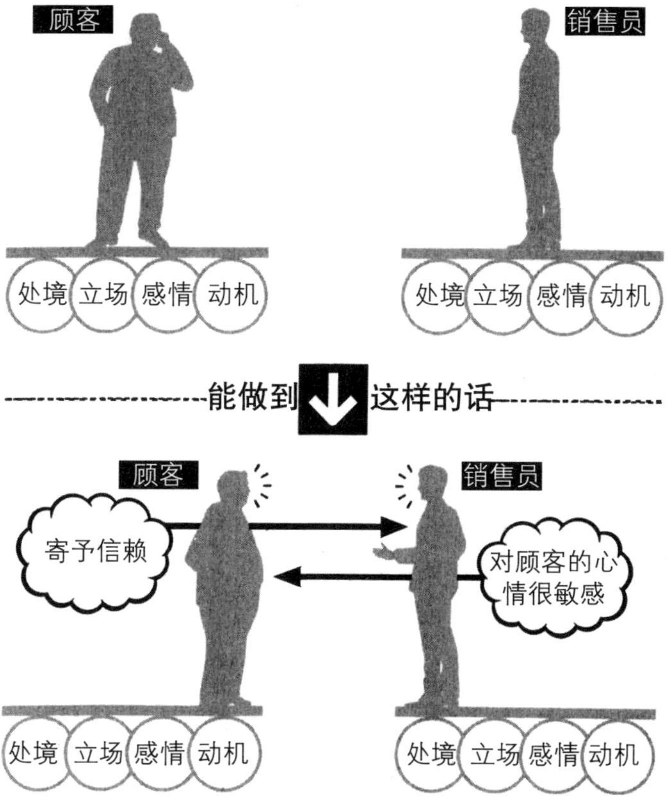

顶级销售员反而会重视“难搞的顾客”

◇“难搞的顾客”才是金矿

笔者曾经以销售员为对象，进行过“你认为有自己擅长的顾客和难搞的顾客吗”的问卷调查。取得一定业绩的销售员会回答“没有难搞的顾客”。如果是顶级销售员，则会更加干练地回答“销售不是擅长不擅长、喜欢还是讨厌，而是要分清项目的优先顺序，改变推进的方法”。

另一方面，业绩不好的销售员，一定会说“有难搞的顾客”“盛气凌人的人很讨厌”“总是谈论钱的问题的人很讨厌”，等等。(请参看下一页的问卷调查结果)

“给人印象不好的顾客，其实是机会。”这是某个顶级销售员说的话，意思是说“给人印象不好”的人，对待谁都会“令人感觉不好”。所以，无论哪个销售员都“不想和那个人接触”。那么，**如果能和这样的人友好相处，就**

没有竞争对手，可以稳坐第一把交椅。顶级销售员认为“大家都讨厌的，我自己就更要去喜欢”“反而要重视给人印象不好的人”。

“这个顾客，实际上很难搞……”你有这样的情况吗？无论是谁都会有这样的时候。正是感觉到“难搞”“恐怖”的顾客，才更要积极地推进。扩大市场是理所当然，但也必须加深和现有顾客的关系。

销售员认为难搞的顾客类型排名

1位	看起来很高傲
2位	总是谈价格或条件
3位	不回答问题、沉默
4位	提过分的要求
5位	对工作没有什么“干劲” 技术、水平低

※调查对象：销售负责人1000人

灵活运用每日简报，缩短与顾客的距离

◆ 将销售员和顾客的交流按时间顺序记录

很多企业都要求销售员做每日简报。但是，实际情况却是每日简报很形式化，作为销售手段的利用率很低。

原本，每日简报应该是将销售员和顾客的交流按照时间顺序记录的“顾客管理工具”。

但实际上这却变成了销售员的行动报告，成为了监督销售员“工作是否懈怠”“是否拜访了顾客”“每天做了多少工作”等的工具。

如果公司的每日简报很不适合作为销售工具的话，销售员就必须花心思将和顾客的交流做成简报。

即使是简单的备忘录也可以，记录每天“〇月〇日，有过什么样的交流”。

“○月○日……寄送资料”

“○月○日……初次拜访”

“○月○日……电话联系，负责人不在”

然后，在此简报之上，不断接触顾客。

“上次我是在 8 月给您打电话的。”

“自上次和您联系已经 2 个月了。时间过得真快。您身体还好吧？”

像这样以上次的交流为基础展开话题，对方也就容易想起“是这样的”。而且，还能令人感受到“经常记着我呢”“很在意自己的事情”，不管是既存的顾客，还是今后要强化关系的顾客，都能缩短距离。

通过投诉提高顾客信任的方法

◆ 以投诉为契机，创造新的价值

谁都不喜欢应对投诉事件。但是，只要是和顾客打交道，投诉就无法避免。投诉的应对，需要在“初期行动”和“解决后”这两大阶段体现诚意。

①初期行动

即当投诉发生时，最初应如何展开行动。方式有“优先于其他项目处理”“认真、诚恳地应对”“重视速度尽早行动”等。

②解决后

即解决后的跟进和反馈。比如提供改善方案等。

特别需要注意的是“解决后”这个阶段。别忘记调查导致投诉的原因，以尽可能不引起再次投诉为前提进行改善。然后，将收到的投诉关联到“新的方案”中，进行反馈。

“我们以贵公司提出的宝贵意见为基础，制定了新的方案。请贵公司先试用，可以吗？”

如果能像这样提出方案，那么这次投诉的应对也就能成为创造新价值的契机。对顾客来说，也会对诚实应对的你（自己公司）抱有好的印象。

以上讲述了投诉的应对。然而，对销售员来说最可怕的却是“顾客什么都不说”。

除了极少部分的恶意投诉，投诉其实是“能让自己公司，或者是销售员注意到需改善点的机会”。可以说，通过投诉应该意识到，投诉中体现出来的顾客的“需求和实际情况的差距”。

打动人心的销售会谈技巧

◆ 不打动人“心”就无法产生需求

客观比较法是诉诸对方思考的理论方法。但是，即使顾客客观地进行了商品的比较，也不是说顾客就动“心”了。

人不是靠理性，而是靠感性行动的。即使顾客通过客观比较法明白了选择方法或商品差异，有时候也仍会“想法”跟不上。为此，有必要诉诸对方的感情。不打动对方的心，就不会产生需求。要提供令对方感动、意外、惊讶等信息。打动人心的要素，有以下两个。

①销售员的“热情”

当销售员对商品、服务的赞意，比想象的更深更强时，顾客的心会产生很大动摇。

比如，条理分明地演示、介绍商品的销售员，在谈到商品开发的过程时，突然投入感情，充满感情地进述，听者就会觉得“这个人真的很热爱这个商品”，心也就动摇了。

都说日本人“和欧美人相比，更不擅长表达感情”，也许有些道理。销售会谈中能穿插“表达感情的词汇”的销售员很少。不习惯表达感情的人，需要在平时多提起能令自己的感情动摇的要点。

“对我个人来说，特别喜欢！”

“看到有这个就放心了。”

“一谈到这个话题，每次都会心跳不已。”

像这样对商品或顾客投入自己的感情，将感想穿插到谈话中。“我能说说为什么自己会那么想吗？”这样将谈话中断后，再谈理由。这样就能在会谈中产生自己的想法，对方也容易产生共鸣。

“流露感情是很难为情的”“销售工作中没必要掺杂个人感情”这样的想法是错误的。相反地，能表露自己感情的销售员业绩更好。

②意外的行动

销售员受到顾客的委托，然后执行，这是理所当然的。顾客会满意，但不至于“感动”。

感动，需要更进一步。当顾客“完全没有想到，初次体验到”时会感动，心里会产生很大波动。

十多年前，OA 仪器的销售员 A，有一次从顾客 B 那儿接到了这样的投诉“从您那儿购买的传真机无法使用，现在需要急用，能否帮我想想办法”。那天是星期天，公司的售后服务部门休息。于是 A 没有用公司准备的替代传真机，而是将自己家里的传真机（私人物品）特意送到顾客手中。

“很抱歉这台不是特别好用的型号，因为着急，所以我拿了自己家里的传真机来。在修好之前可否先用这台传真机?”

B 的预想是 A 会送来公司里准备的替代传真机。但 A 却“将自己家里的传真机送来”，真的很意外。为此深受感动。那之后，B 的公司迅速发展，其公司所用的传真机，全部都从 A 那儿购买。这就是因为，A 的行动感动了 B。

我担任销售员时，调查过对方企业的“公司颜色”，拜访的时候特意系了相同颜色的领带。该公司颜色是红色，于是我就系了正红的领带。而且，还特意说“即使有一点儿联系也好，希望能和贵公司的关系更紧密，所以我特意系了红色的领带”。虽然是很微小的事情，却也有效果。

我目前以“科学的销售”为理念进行企业咨询和企业培训工作，即使如此，也无法靠理论打动对方。销售要不遗余力地去打动顾客的心。

摆脱价格竞争的秘诀——“定位”

◆ 有意识地考虑“自己公司是被如何看待的”

面对需求紧迫性低，正犹豫“该买，还是不该买”的顾客，有的销售员只能通过“降低价格”来解决问题。

虽然在商品力上无法体现差异，就只能在价格上有所差异的想法我也能够理解，但那样无论何时都无法摆脱价格竞争的“漩涡”。

无法摆脱价格竞争的销售员，有个共通的地方。

那就是“不了解顾客”，并且“也不了解自己（自己公司）”。

首先，不了解顾客，就无法提出打动顾客的方案。提出的方案不成功，也就只能得出“降价”这个结论。无论什么样的方案都不中标，最终也就只能以“廉价销售”的手段吸引顾客。

其次，陷入价格竞争的销售员，不了解自己公司（自己）的定位。

自己公司是被业界认为“商品好”，还是“价格便宜”，还是“售后服务细致”……

也就是说，不了解“顾客是如何看待自己公司的”。

这不仅对于销售员，对顾客来说，也是弊端。

销售员需要把握顾客“对自己（自己公司）有什么样的期望”“如何评价自己”，并在此基础之上进行接触。

假设，顾客认为“你们公司价格低廉所以联系着看看”，那就必须改变这种定位。必须要让顾客知道“我们公司的优势不在于价格”。

如果“不想再降价了”“感觉被狠狠地压价”，首先要努力征询意见，把握顾客的需求和自己公司的定位是当务之急。

只要抱有这样的意识，就能够和顾客建立起更深的伙伴关系。

“和顾客一起展望未来”，这才是真正的顶级销售员

◇收集市场信息，负责商品（服务）开发

销售员的职责是利用现有的资源，提高销售额及利润。但是，如果在市场中流通的商品生命周期很短，即使现在销售状况良好，也无法保证今后能继续保持。销售状况良好的商品，其衰退速度是逐渐加快的。为此企业就必须不断地生产新的商品或服务。但是很多企业没有市场部门，或者即使有也没有发挥实际作用。

要想开发符合市场需求的商品，只能利用总体战收集信息。因此，我认为担当市场战略先锋的是销售员。让销售部门行使市场部门的机能，让销售员去收集信息是今后所有企业的必行之路。

也有销售员将商品或服务滞销的责任转嫁给其他部门（生产制造部门等）。这样的销售员，总是对销售部门以外

的部门有很多不满：“我们的商品价格太高卖不出去”“我们的商品设计不好卖不出去”“我们的商品规格不好卖不出去”等。

然而，那些对其他部门抱有不满的销售员，要说他们在商品开发中的贡献，其实几乎为零。

销售员的工作，并不仅仅是销售商品。挖掘市场需求，收集信息，反馈给商品开发部门，这些也是销售员的重要职责。

我认为，真正的顶级销售员，推销现有商品（服务）是理所当然的。但更应该能者多劳，负责商品（服务）的开发。

假设点心制造公司制作了新的糕点。当然，销售员希望大型超市大量采购。

但是，超市陈列空间有限，能否让上架也不好说。那么如何做才能让商品在超市上架？

制作出大型超市的“采购者想买的商品”信息汇总就可以。

商品开发时，会参考消费者的心声。但灵活运用超市采购者的心声的例子却几乎没有。因此，厂商生产的是“被消费者喜爱的商品，而不是采购者喜爱的商品”。

“想做成什么样的卖场?”

“想摆放什么样的商品?”

“想做什么样的陈列模式?”

如果能类似这样征求采购者的意见，并将其答案反馈，就能够制作出“既满足消费者又满足采购者的商品”。销售员收集采购者的信息，也就更容易取得陈列空间。

要从顾客那儿挖掘对商品开发有用的信息，就需要在提问内容上花费心思。提问的时候，不能问“对自己公司（自己公司的商品）的评价”。

“现在的商品有什么不满意的地方吗?”

“您是如何看待我们公司的?”

如果提出这样的问题，不仅不能收集与新想法相关的建设性意见，还会得到很多“更想这样做”“这儿不好”等不满，总是一些负面的话题，销售员也会觉得自讨没趣。所以，不要问自己公司的商品，而应将焦点放在顾客身上进行提问。

◇ 重要的是“和顾客一起展望未来”

“能否让我听听您今后的战略？”

“您考虑朝哪个方向打开市场？”

“为了胜出，您希望我们能做些什么？认为要有什么样的商品才好？”

响应顾客的要求，也就能创造自己公司的新价值。要时时保持“和顾客一起展望未来”的立场。

但像平时那样拜访对方则无法问出商品开发相关的信息。销售员没有前期铺垫就突然说出“我们谈谈未来吧”，顾客会很惊讶“为什么突然说出这样的话”。所以，需要有正式的铺陈：

“目前我们启动了这样一个新项目，因而希望贵公司能一起合作。”

“希望能为贵公司的技术开发贡献力量，所以我想设定一个定期交换信息的场所。”

这样事先向顾客说明，就能有效地收集信息。

另外收集信息时，“从谁那儿获取信息”也是一个重要的视角。弄错对象而采集到的需求，有可能会造成错误的判断。特别需要注意的是，不要拘泥于“过去的交往”。

与供应商不管有多长时间的交往，那个公司如果日渐衰退，或停滞不前，或因循守旧，即使谈论未来也没有意义。依据衰退中的企业的需求行动，自己公司也必定会跟着一起衰退。甚至，也有可能伴随着顾客对自己公司的不满就此倒闭。

收集信息时，应优先听取“成长中的企业”“创造出新价值的企业”“业内获得好评的企业”“市场占有率高的企业”“决策迅速的企业”等能够一起成长的企业的意见。

◆ 想让公司内部行动起来，要提供一定量的信息

有的人会担心“销售员要是在商品开发方面插嘴，就会被其他部门认为是‘不安分的人’”。

之所以被认为是不安分的人，是因为销售员提供的信息可信度或说服力不够。想让公司都行动起来，“提供一定量的信息”是要点。

仅仅是 1 个顾客的意见，却作为市场整体的意见提供给内部，即使意见是真实的，也无法令人信服。比如，不说“大家都这么说”，而说“询问了 30 个顾客，其中 28 个顾客都这么说”这样介绍的话可信度更高。这样进行一定量地信息整理，其他部门也会认为“他的意见可以信任”。

结语
销售员应具备两大意识

首先感谢您读完这本书。

“本书围绕在商品滞销的年代，顶级销售员都做了什么”“提高销售业绩的方法”等方面进行了详细叙述。

最后，针对“对销售员来说，何谓好的顾客”的话题也进行了叙述。

我认为“好的顾客 = 稳定顾客”。所谓稳定顾客，就是，

- 会再次购买；
- 会介绍别的顾客；
- 依据价格、条件之外的因素选择商品（服务）

这样的顾客。

无法预知今后社会经济是否会继续成长，而“滞销的

消费社会”却在不断加速形成。

在这种环境下，要想作为销售员生存下去，不是短期而是长期地和“好顾客”结成伙伴关系是不可或缺的。销售员的附加价值就是指如何做到这一点。

本书以“科学地销售”为主旨。因此，内容中并未探讨理念方面的论点。

但是，有些矛盾的是：要和“好顾客”建立持续的关系，理念论是必要的。换个说法即“对销售这个工作的理解和意识”有两大要点。

其一：

“为顾客提供和贡献价值”

虽然完成销售定额很重要，但推脱对顾客做贡献职责的销售，是无法长久的。毕竟一时的双赢无法构建持续性的关系。

另外，只关注提高眼前的销售额，那么自己公司的商品一旦过时，顾客立刻就会厌倦。

其二：

“以谦虚的态度不断学习”

“自己已经有业绩了，不用担心了”，一旦这样想，这个人的成长也就已经停止了。

销售员需要时时担心、时时抱有危机意识，不能沉溺于现状，必须不断钻研。

另外，要抑制“想卖出去”的冲动，思考“对顾客来说，什么是最重要的”时，谦虚的心态是必要的。

无论商品销售得好与不好，销售员都不能时喜时悲，要关注外在因素和内在因素。

“为什么卖出去了？”

“为什么卖不出去了？”

我认为这种从零开始不断审视自我的销售员才能成功。

不注重外在因素，碰运气将商品卖了出去，却误以为是靠自己的实力，这样是无法成为顶级销售员的。

说个题外话，在我任董事长的“CARNER PRODUCT”公司，就是顶级销售员云集的公司，这个“CARNER”在希伯来语中的意思就是谦虚、谦逊。

要说顶级销售员、能持续有业绩的人在思考什么，最重要的一点还是“能否保持谦虚的态度”。本书创作的初衷是献给认真对待销售这个工作的读者，希望给予你们“新意识”和“勇气”。通过本书，如果能让大家觉得“有参考意义”“明天开始试试”，就是笔者的荣幸。

本文中提及的大量问卷调查及分析结果，是在善意地协助调查的经营者、营业负责人等众多人员的努力之下，得到的第一手信息。在这里衷心感谢大家！

另外，衷心感谢在出版时给予我各方面建议和支持的藤吉丰先生以及 Diamond 出版社的中村名博先生。对帮助我为问卷调查进行整理分析的本公司员工们也致以衷心感谢。

2015 年 2 月

横田雅俊

特别附录

顶级销售员正在想、正在做的 45件事

1	“提高顾客的需求，强化与顾客之间关系”。 做好这一点，所有人都能成为自己的“顾客”
2	只进行商品说明的营销方式必须立刻停止。 这个手法只适用于“购买欲望强烈的顾客”
3	“信息过剩”“品质普遍不错”“不确定因素的增加” 构成“顾客犹豫”的三大要素
4	市场降温是因为 “竞争公司的存在”和“基本需求的充足”
5	“尽量以高一点的价格卖出去，哪怕是提升 1 日元”。 其秘诀是，“唤醒顾客自身还没有察觉到的潜在需求”
6	不拘泥于以往的成功经验。 销售员要迎合“顾客”和“时代”
7	“课题→意愿→征询意见”的周而复始 这是顶级销售员的捷径
8	业绩不好的销售员共通点： 不去质疑、不建立假设、不会提问

（续表）

9	从事前信息和观察信息中建立假设， 向顾客征询意见
10	信息收集的基础是探寻差距（差异、变化） 建立假设，征求意见
11	提问时，关注“个人情况”更甚于“公司状况”。 不引起戒备地到引导出信息。
12	令顾客不知不觉吐露真心话的 10 分谈话法： “理想是 10 分，现在多少分？”
13	攻克顾客拒绝话语的 5 大突破方法：“切换视角”“提出解决方案”“分割风险”“介绍不购买的风险”“强调购买的好处”
14	“1 个优势：简短介绍” “1 个问题：能引起共鸣的问题” 二者配套进行
15	需要知道的顾客的 4 大不安。“不想被纠缠”“不想要不利的信息”“不想被当成傻瓜”“犹豫是否购买”
16	介绍公司需要结合“实际业绩、实际事例”“独自的技术”“其他竞争公司的差异”进行
17	拜访即将结束时设定下次拜访的主题。 有意识地使用能够持续拜访的话语
18	介绍“（对顾客来说）购买商品的理由” 使顾客需求高涨
19	优点→背景→商品说明 这样的谈话顺序，顾客的兴趣自然高涨

（续表）

20	“顾客希望的商品说明”是指，和其他商品的不同，或购买后具体的好处。
21	“买还是不买”“从哪儿购买”。 根据顾客不同的犹豫阶段，改变推进方法
22	对漠然烦恼的顾客，介绍“买和不买，各自的优点、弊端”“探讨要点”“探讨的时间轴”“专业人士的建议”
23	确认“见解、感情、误解”，顾客和销售相同的价值观
24	简洁明了的介绍技巧：“保持客观性”“系统化介绍信息”“共享时间轴”“中期考虑”
25	顾客会根据“过去”和“经验”判断事物。因此要提供“新的信息”
26	演示资料作为征询意见的工具。重要的不是说服，而是与顾客的对话
27	客观地介绍商品的缺点，更容易得到信赖。但是，也要准备改善方案和回避策略
28	有意识地考虑顾客之上的第三者（上司，家人），将信息分解介绍
29	第一次电话不要预约。有意识地提供信息，制造和顾客的接触
30	被挂断电话之后也不要气馁。继续思考“要让顾客继续听我说”，不断尝试
31	需求分为 5 个阶段。不是立刻成为“购买”，需要分辨
32	介绍“和其他公司相比什么地方不同、什么地方优秀”的话，顾客想法会改变

（续表）

33	向顾客介绍“差异”时，从“类别”“项目”这两个角度整理
34	介绍自己公司的强项时，采用突出优点的表达方法
35	征求对顾客来说的“失败（想避免的事情）”，可以提高提案的准确度
36	顾客犹豫购买也不要焦虑。询问“担心的是什么地方”
37	尽早把握顾客的“比较要点（犹豫点）”
38	顾客是将商品的差异形象化。所以，突出“质的差异”也无法产生共鸣
39	将自己放在顾客的立场，将心比心（投入感情），获得更深的信赖
40	“难搞的顾客”，谁也搞不定。所以，反而是机会
41	和顾客的交流以“〇年〇月〇日〇事”的形式记录，推进时灵活运用
42	投诉对应的要点是“初期行动”和“解决后”。并以投诉为基础建立新的计划
43	动摇感情的销售谈话，要点是“销售的热情”和“意外的行动”
44	把握“顾客是如何看待自己公司的（期待什么）”
45	收集市场信息和潜在的顾客需求，目标是为商品开发做贡献的销售

“服务的细节”系列

《卖得好的陈列》：日本“卖场设计第一人”永岛幸夫

定价：26.00 元

《为何顾客会在店里生气》：家电卖场销售人员必读

定价：26.00 元

《完全餐饮店》：一本旨在长期适用的餐饮店经营实务书

定价：32.00 元

《完全商品陈列 115 例》：畅销的陈列就是将消费心理可视化

定价：30.00 元

《让顾客爱上店铺 1——东急手创馆》：零售业的非一般热销秘诀

定价：29.00 元

《如何让顾客的不满产生利润》：重印 25 次之多的服务学经典著作

定价：29.00 元

《新川服务圣经——餐饮店员工必学的 52 条待客之道》：日本“服务之神”新川义弘亲授服务论

定价：23.00 元

《让顾客爱上店铺 2——三宅一生》：日本最著名奢侈品品牌、时尚设计与商业活动完美平衡的典范

定价：28.00 元

《摸过顾客的脚才能卖对鞋》：你所不知道的服务技巧，鞋子卖场销售的第一本书

定价：22.00 元

《繁荣店的问卷调查术》：成就服务业旺铺的问卷调查术

定价：26.00 元

《菜鸟餐饮店 30 天繁荣记》：帮助无数经营不善的店铺起死回生的日本餐饮第一顾问

定价：28.00 元

《最勾引顾客的招牌》：成功的招牌是最好的营销，好招牌分分钟替你召顾客！

定价：36.00 元

《会切西红柿，就能做餐饮》：没有比餐饮更好做的卖卖！ 饭店经营的“用户体验学”。

定价：28.00 元

《制造型零售业——7-ELEVEn 的服务升级》：看日本人如何将美国人经营破产的便利店打造为全球连锁便利店 NO. 1！

定价：38.00 元

《店铺防盗》：7 大步骤消灭外盗，11 种方法杜绝内盗，最强大店铺防盗书！

定价：28.00 元

《中小企业自媒体集客术》：教你玩转拉动型销售的 7 大自媒体集客工具，让顾客主动找上门！

定价：36.00 元

《敢挑选顾客的店铺才能赚钱》：日本店铺招牌设计第一人亲授打造各行业旺铺的真实成功案例

定价：32.00 元

《餐饮店投诉应对术》：日本 23 家顶级餐饮集团投诉应对标准手册，迄今为止最全面最权威最专业的餐饮业投诉应对书。

定价：28.00 元

《大数据时代的社区小店》：大数据的小店实践先驱者、海尔电器的日本教练传授小店经营的数据之道

定价：28.00 元

《线下体验店》：日本 “体验式销售法”第一人教你如何赋予 O2O 最完美的着地！

定价：32.00 元

《最强导购成交术》：解决导购员最头疼的55个问题，快速提升成交率！
定价：36.00元

《帝国酒店——恰到好处的服务》：日本第一国宾馆的5秒钟魅力神话，据说每一位客人都想再来一次！
定价：33.00元

《服务的细节029：餐饮店长如何带队伍》：解决餐饮店长头疼的问题——员工力！ 让团队帮你去赚钱！
定价：36.00元

《服务的细节030：漫画餐饮店经营》：老板、店长、厨师必须直面的25个营业额下降、顾客流失的场景
定价：36.00元

《服务的细节031：店铺服务体验师报告》：揭发你习以为常的待客漏洞 深挖你见怪不怪的服务死角 50个客户极致体验法则
定价：38.00元

《服务的细节032：餐饮店超低风险运营策略》：致餐饮业有志创业者＆计划扩大规模的经营者＆与低迷经营苦战的管理者的最强支援书
定价：42.00元

《服务的细节 033：零售现场力》：全世界销售额第一名的三越伊势丹董事长经营思想之集大成，不仅仅是零售业，对整个服务业来说，现场力都是第一要素。

定价：38.00 元

《服务的细节 034：别人家的店为什么卖得好》：畅销商品、人气旺铺的销售秘密到底在哪里？ 到底应该怎么学？ 人人都能玩得转的超简明 MBA

定价：38.00 元

《服务的细节 035： 顶级销售员做单训练》：世界超级销售员亲述做单心得，亲手培养出数千名优秀销售员！日文原版自出版后每月加印 3 次，销售人员做单必备。

定价：38.00 元

《服务的细节 036：店长手绘 POP 引流术》：专治“顾客门前走，就是不进门“，让你顾客盈门、营业额不断上涨的 POP 引流术！

定价：39.80 元

《服务的细节 037：不懂大数据，怎么做餐饮？》：餐饮店倒闭的最大原因就是“讨厌数据的糊涂账”经营模式。

定价：38.00 元

更多本系列精品图书，敬请期待！